HISTOIRE ANCIENNE

DE L'ORIENT

PARIS

WEILL & GEORGES MAURICE, ÉDITEURS

169, BOULEVARD SAINT-GERMAIN, 169

1883

HISTOIRE ANCIENNE

DES PEUPLES D'ORIENT

CHOIX DE LECTURES

ÉGYPTE. . . . . *Humbert* : Récits tirés d'Hérodote.

De Rougé : Traduction du poème de Pentaour.

Mariette : Mémoire sur la mère d'Apis.

Maspero : Histoire ancienne. — Contes populaires égyptiens.

Rawlinson : The five great monarchies of the ancient Eastern world.

Perrot et Chippiez : Histoire de l'art (en cours de publication).

ASSYRIE. . . . . *Humbert :* Ouvrage cité.

Oppert : Mémoires sur la Chaldée et l'Assyrie.

Rawlinson : Ouvrage cité.

Perrot et Chippiez : Ouvrage cité.

PALESTINE. . . . . . . *De Saulcy et de Luynes. :* Relations.

Jules Guérin : La Terre Sainte.

PHÉNICIE. . . . . *Renan :* Mission en Phénicie.

MÈDES ET PERSES. . *Humbert :* Ouvrage cité.

Xénophon : Anabase.

Rawlinson : Ouvrage cité.

ARYAS. . . . . *Rig-veda :* (traduction Langlois).

Eichoff : Poésie héroïque des Indiens.

Kalidasa : La reconnaissance de Sakountala (traduction Foucaux).

HISTOIRE ÀNCIENNE

DES PEUPLES D'ORIENT

PAR

GEORGES FRANCK

AGRÉGÉ D'HISTOIRE

PROFESSEUR AU LYCÉE FONTANES

PARIS

EUGÈNE WEILL ET GEORGES MAURICE, ÉDITEURS

169, BOULEVARD SAINT-GERMAIN, 169

—

1883

HISTOIRE ANCIENNE
DES PEUPLES D'ORIENT

INTRODUCTION

I. La race blanche, ses migrations. — II. L'homme primitif. — III. Ordre dans lequel il convient peut-être d'étudier l'histoire des peuples orientaux.

I. — La race blanche; ses migrations.

On s'accorde en général à considérer la région de l'Asie centrale où se dresse le plateau de Pamir, comme le berceau de la race blanche.

Moïse, au chapitre x de la Genèse, la divise, d'après une tradition fort antique, en trois groupes personnifiés par Sem, Cham et Japhet.

Les *Sémites* se répandirent dans la région du Tigre et de l'Euphrate, l'Asie Mineure, l'Arabie, et formèrent les Elamites, les Assyriens, les Araméens [1], les Hébreux, les Arabes.

1. Ce nom désigne, d'une manière générale, les populations de la Syrie.

Les *Chamites* pénétrèrent dans l'Inde et s'établirent dans la Basse-Mésopotamie, l'Afrique septentrionale, l'Éthiopie. Les *Koushites*, les *Chananéens* et les *Phéniciens*, tribus koushites, appartiennent à ce groupe. La Bible y rattache aussi les *Égyptiens*[1].

Quant aux *Japhétides*, les uns se fixèrent en Asie Mineure, les autres passèrent en Europe, et furent les ancêtres des *Celtes*, des *Grecs*, des *Latins*, des *Germains* et des *Slaves*; d'autres enfin, les *Aryas*, longtemps attardés en Bactriane, émigrèrent à leur tour dans deux directions : vers le plateau de l'Iran et vers l'Inde continentale.

Une hypothèse, qui rencontre d'ailleurs de très nombreux contradicteurs, rattache aux Japhétides la race dite *Touranienne*. Cette race, prodigieusement antique, semble avoir habité primitivement à l'est de la mer d'Aral* et au sud des monts Altaï*. Après de longues et lointaines migrations, elle nous apparaît divisée en plusieurs groupes distincts. Au centre, elle forme les Turcs et les Hongrois; au nord, les Finnois, et, en général, les peuples de l'Asie et de l'Europe septentrionales; au sud, elle occupe l'Inde avant l'arrivée des Koushites et des Aryas. La race touranienne unit la race blanche à la race jaune et se confond avec elle dans ses variétés extrêmes.

Moïse ne pouvait rien dire de la race jaune, ni surtout de la race rouge; mais son silence est inexplicable au sujet de la race noire qu'il avait rencontrée en Égypte.

---

1. Cette opinion est contestée. En tous cas, les Égyptiens ne sont pas des Chamites purs.

II. — L'homme primitif.

L'homme primitif s'est développé uniformément dans le monde entier.

A l'origine, privé d'armes naturelles contre les animaux gigantesques qui le menaçaient, il se défendit avec des branches d'arbres, mais n'ayant pour les sé-

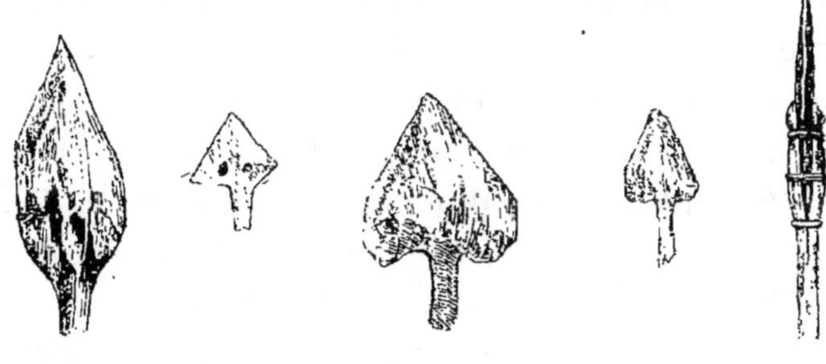

ARMES

parer du tronc que la force de ses mains, il ne put d'abord se procurer que des bâtons d'un petit volume. « Cette période initiale* où l'industrie ne dépassait pas celle des orangs et des gorilles, pourrait être appelée *l'âge de bois*; elle fut courte sans doute; cependant elle se trouve mentionnée dans la fable d'Hercule,* de Thésée*, de Persée*, et autres héros armés de massues qui délivrèrent la terre des monstres, c'est-à-dire commencèrent la destruction des grands animaux sauvages. Cette arme nouvelle, la massue, marque le début de *l'âge de pierre*; bien trop volumineuse pour être façonnée avec les mains, elle ne pouvait se couper qu'au moyen d'un instrument tranchant[1]. » Des éclats de silex* en avaient tenu lieu.

1. Broca, *Mémoires d'anthropologie*. II. p. 313.

Bientôt l'homme les tailla grossièrement pour s'en faire des armes, lances ou haches, en même temps que des outils indispensables, des couteaux par exemple. Puis il eut l'idée, pour les perfectionner, d'employer, avec la pierre, les os et les cornes des animaux. Tel fragment de schiste * nous montrerait même, gravée à la pointe d'un silex * la représentation très exacte de l'ours des cavernes ou du mammouth * : l'art du dessin était né.

Enfin l'homme imagina de polir la pierre : il donna aux objets de son industrie des formes et des usages plus variés : il se construisit au milieu de l'eau, sur pilotis *, à l'abri des bêtes fauves et de ses semblables, des maisons qu'il sut chauffer, en produisant artificiellement le feu. Un dernier progrès lui fit utiliser, à la fin de la même période, les différents métaux.

Toutes les races humaines ont passé par les mêmes phases * de développement : mais ces phases sont très loin d'être simultanées chez toutes les races. Au XVIII° siècle, Cook * dans ses explorations à travers le Pacifique, rencontra des peuplades qui n'étaient pas encore sorties de l'âge de pierre. On a fait de nos jours des découvertes analogues.

Les anciens poètes voyaient dans les temps primitifs une époque privilégiée de vertu et d'intelligence. Cet *âge d'or* de la poésie est l'âge de pierre de la science. Les hommes alors sauvages, erraient, en petites troupes, pendant le jour, se réfugiaient, la nuit, au fond des cavernes et ne possédaient pour se défendre que des fragments de silex. L'industrie des métaux, cette funeste invention de la perversité humaine, selon la Bible, marque au contraire la naissance de la véritable civilisation. « A partir de l'*âge de fer*, l'homme, muni d'instruments irrésistibles, put librement défricher le sol, détruire les grands animaux, tailler le bois et la pierre, bâtir des villes et constituer de fortes nations [1]. »

III. — Ordre dans lequel il convient peut-être d'étudier l'histoire des peuples orientaux.

S'il est impossible de déterminer l'époque des migrations pour toute la race blanche, on peut fixer approximativement celle des peuples orientaux et nous connaissons avec certitude le temps où chacun d'eux parvint à l'apogée * de son développement. C'est cette considération chronologique qui nous a fait laisser, dans ce petit livre, la première place aux Égyptiens, et nous avons donné la dernière aux Aryas parce qu'ils furent les derniers à abandonner le berceau commun de la race blanche pour aller former dans le bassin du Sindh, une nation distincte.

1. Broca, *Mémoires d'antropologie*, I, p. 36.

ÉGYPTE

CHAPITRE PREMIER

I. Origine des Égyptiens ; leur antiquité. — II. Aspect de la vallée du Nil. Établissement des émigrants asiatiques. — III. Le fleuve ; ses crues. « Hymne au Nil ».

I. — Origine des Egyptiens ; leur antiquité.

Le peuple qui devait donner à la vallée du Nil le nom d'Égypte[1] pénétra en Afrique par l'Isthme de Suez.

A quelle époque ? On l'ignore. Les anciens considéraient les Égyptiens comme les plus anciens des hommes et jusqu'ici la science contemporaine ne connaît pas de peuple qui se soit constitué plus tôt en société.

Les renseignements fournis par les inscriptions* et les papyrus* permettent de fixer le règne du premier roi historique, Mena, à 5,000 ans environ avant J.-C.

---

1. Le mot égyptien est *Hà-Kà-Phtah* « demeure de Phtah » ; d'où les Grecs ont fait : *Aiguptos*, Egypte.

et la tradition* nationale racontait que longtemps avant Mena il y avait des Égyptiens dans la vallée du Nil. La civilisation déjà avancée, attribuée au temps de ce prince, semble confirmer la tradition.

II. — Aspect de la vallée du Nil. Établissement des émigrants asiatiques.

Au moment de la migration asiatique, la vallée du Nil, si fertile plus tard, était remplie d'immenses marécages formés par le fleuve qui changeait de lit chaque année après le débordement[1]. Le Delta lui-même n'existait pas; les eaux de la mer et celles du Nil se mêlaient à travers quelques îles sablonneuses couvertes de papyrus* et de lotus*.

Comme l'inondation n'était ni réglée, ni étendue artificiellement au moyen de digues* et de canaux*, certaines parties de la vallée, où l'eau séjournait habituellement, s'étaient transformées en bourbiers pestilentiels; d'autres, au contraire, que la crue n'atteignait jamais, présentaient l'aspect d'un désert.

Les nouveaux venus, après avoir sans doute expulsé la race noire indigène, apprirent à assécher les marais, à gouverner l'inondation; l'Égypte alors « sortit des eaux et devint, selon la belle expression d'Hérodote*, *un présent du fleuve.* »

Bientôt s'élevèrent des villes nombreuses : Hérodote en compte vingt mille. Il faut évidemment admettre que l'historien grec comprend les bourgs dans son dénombrement, mais la population dépassa dans un temps 10,000.000 d'âmes. Chiffre considérable, car

1. Voir plus bas, p. 10.

l'Égypte proprement dite n'a jamais été qu'une bande
de terre, traversée par le Nil et formée par lui ; et cette
bande de terre est si étroite, le désert la serre de si près
à droite et à gauche, qu'elle n'égale pas la superficie
de la Belgique; or la Belgique est elle-même dix-huit
fois moins étendue que la France [1].

« La conformation géographique du pays indique
que des tribus nomades en furent les premiers habitants. Au milieu des déserts que parcourent ces hordes
errantes coule un grand fleuve au bord duquel se
fixèrent à l'origine des bateliers et des pêcheurs. La
lutte entre les habitants sédentaires de la vallée et les
tribus nomades dut exister de bonne heure... Cet antagonisme* se retrouve du reste dans la nature elle-même,
où la mer brûlante des sables envahissants contraste
avec l'humidité féconde de la vallée [2]. »

III. — Le Nil, ses crues. Hymne au Nil.

Sans les crues périodiques du Nil, l'Égypte n'exis-
terait pas, et si la superficie du sol cultivable est moins
étendue aujourd'hui qu'autrefois, c'est parce que l'élévation des eaux, dans le temps de l'inondation, a diminué très sensiblement.

On comprend le respect religieux des Égyptiens
pour leur fleuve : ils en ignoraient les sources et ne le
connaissaient bien que chez eux, pendant deux cent
quarante lieues. Durant ce parcours, le fleuve ne reçoit
pas un seul affluent, et cependant, chaque année, vers

1. La superficie de la Belgique dépasse un peu 29,000 kilomètres carrés.
2. R. Mesnard. *Vie privée des anciens*, I, p. 10. 11.

la fin du mois de juin, sans qu'une goutte de pluie soit tombée sur l'Egypte, il grossit subitement, déborde, couvre ses rives d'une boue fertilisante, puis rentre paisiblement dans son lit.

Nous savons aujourd'hui, grâce aux voyageurs Burton, Speke, Grant, Baker, que le Nil sort des grands lacs situés dans la région équatoriale et atteint la Méditerranée, après un cours de 1600 lieues[1]. Nous savons aussi que des pluies torrentielles s'abattent, pendant plusieurs semaines, sur le bassin supérieur du fleuve et provoquent l'inondation.

Les Egyptiens ne pouvaient soupçonner ce phénomène et voyaient dans le Nil un être surnaturel; pleins de reconnaissance pour ses bienfaits, ils l'adoraient; c'était le Dieu Nil : le « *Seigneur des moissons.* »

L'époque de l'inondation était celle de la fête du fleuve. Depuis un mois, le soleil avait brûlé toutes les plantes, la sécheresse avait tari tous les puits. Tout à coup, le guetteur posté sur les bras du Nil signalait la crue désirée; des cris de joie accueillaient la nouvelle; bientôt l'Égypte n'était plus qu'un lac immense au milieu duquel les villes émergeaient comme des îles. On ne pensait plus qu'à se réjouir et les prêtres célébraient la bonté du dieu, en chantant peut-être cet

1. Le Nil, depuis le 17° de latitude nord, ne reçoit plus d'affluents; sa navigation est entravée, surtout à la montée, par des rochers et par des rapides que les anciens appelaient cataractes.
Il se jette actuellement dans la mer par deux bouches : l'ancienne *Bolbitine*, qui forme à l'ouest la branche de Rosette*; et l'ancienne *Bucolique*, qui forme à l'est la branche de Damiette*. Les autres branches, distinguées par les anciens, Pélusiaque, Canopique, Sebennyntique, Saïtique, Mendésienne, ont en partie disparu. Les bouches de Rosette et de Damiette sont d'anciens canaux creusés de main d'homme. Cf. Hér., II, XVII.

hymme magnifique qui nous est parvenu à travers les
siècles :

« *Salut! ô Nil, ô toi qui viens en paix pour donner*
« *la vie à l'Egypte! Salut! ô toi qui arroses les vergers*
« *créés par le soleil!...* SEIGNEUR DES POISSONS, *quand tu*
« *remontes sur les terres inondées, aucun oiseau n'en-*
« *vahit plus les biens utiles; créateur du blé, produc-*
« *teur de l'orge.... Repos des doigts est son travail*

SCÈNE D'INONDATION (hypogées de Beni-Hassan).

« *pour des millions de malheureux. S'il décroît, dans*
« *le ciel, les dieux tombent sur la face, les hommes*
« *dépérissent... Se lève-t-il, la terre est remplie d'allé-*
« *gresse...* IL APPORTE *les provisions délicieuses. Il crée*
« *toutes les bonnes choses, le Seigneur des nourritures*
« *agréables, choisies... Il se saisit des deux contrées,*
« *pour remplir les entrepôts, pour combler les gre-*
« *niers, pour préparer les biens des pauvres... On ne*
« *peut l'attirer dans les sanctuaires: on ne sait le lieu*
« *où il est...* POINT DE DEMEURE *qui le contienne... Tu*
« *as réjoui les générations de tes enfants; on te rend*
« *hommage au sud: stables sont tes décrets, quand ils*
« *se manifestent devant les serviteurs du nord. Il boit*
« *les pleurs de tous les yeux!...* [1] »

1. Papyrus Sallier. Cf. Maspero. *Hist. anc.*, p. 32 à 38.

CHAPITRE II

PREMIÈRE PÉRIODE (1re à 11e dynastie; ANCIEN EMPIRE: PRÉPONDÉRANCE DE MEMPHIS[1].

I. DIVISIONS DE L'HISTOIRE D'ÉGYPTE. — II. MENA: LOI DE SUCCESSION AU TRÔNE. — III. LA 4e DYNASTIE; LES PYRAMIDES. — IV. LA 6e DYNASTIE: *Le ministre Ouna construit la pyramide funéraire de Meren-Ra;* GRANDEUR DE L'ANCIEN EMPIRE.

I. — Divisions de l'histoire d'Egypte.

L'histoire de l'Egypte ancienne, qui est celle de trente dynasties royales, peut se partager en trois périodes, répondant chacune à la prédominance d'une des trois régions distinguées par les Romains: la Basse-Egypte ou Delta[2]; la Moyenne-Egypte; la Haute-Egypte[3].

La première période, appelée souvent Ancien Empire, correspond à la suprématie de Memphis.

La seconde, qui comprend l'ancien et le nouvel

1. Auj. Myt-Rahyneh.
2. Ce sont les Grecs qui ont donné à la Basse-Egypte le nom de Delta, à cause de sa ressemblance avec la quatrième lettre de leur alphabet : Δ.
3. Les Egyptiens divisaient leur pays en deux régions seulement : la Basse-Egypte, avec le territoire de Memphis, et la Haute-Egypte.

empire thébain, correspond à la suprématie de Thèbes [1].

La troisième enfin est caractérisée par la prééminence, contestée cependant, de Saïs [2] et de quelques autres villes du Delta.

On voit que l'empire égyptien, né dans la Basse-Égypte, s'étendit vers le sud, comme l'indique la situation, de plus en plus méridionale, des capitales, puis fut ramené vers son berceau.

II. — Mena (vers 5004). Loi de succession au trône.

Le premier roi égyptien fut Mena; avant lui les prêtres gouvernaient seuls le peuple. L'établissement de la royauté fut donc une révolution.

La tradition attribuait à Mena la fondation de *Mannower*, que les Grecs ont appelé Memphis. Mannower signifie: *bon port*; c'est que, en effet, le roi pour construire la ville avait dû détourner le Nil au moyen d'une digue * qui subsiste encore à Koschéisch. Le peuple fit de Mena un dieu, fils du soleil (*Se Ra*). Constructeur, législateur et dieu, ce prince est déjà le vrai monarque égyptien.

Pour éviter la disparition de la race divine, le troisième roi de la 2ᵉ dynastie, *Baïnoterou*, reconnut aux femmes mêmes le droit de succéder au trône, à défaut d'héritiers mâles. Dès lors, le fondateur d'une dynastie nouvelle se hâta d'épouser une princesse du sang royal : c'était un moyen de légitimer son usurpation en prenant place dans la famille solaire.

1. Auj. Medinet-Abou.
2. Auj. Sa-el-Hagar.

Les plus célèbres rois de la période memphite appartiennent à la 4e et à la 6e dynastie.

III. — La 4e dynastie (vers 4235). Les Pyramides.

Le fondateur de la 4e dynastie fut *Snewrou*, dont le culte persista jusqu'à la fin de l'histoire d'Égypte. Sa puissance fut grande. C'était, disent les monuments, « *le roi bienfaisant du pays tout entier* », ce qui veut dire que les gouverneurs des provinces, longtemps indisciplinés, étaient enfin réduits à l'obéissance dans les deux Égyptes. Mais les trois successeurs de Snewrou sont restés plus célèbres que lui : *Khoufou*, *Khàwrà* et *Ménkerà* [1] construisirent les grandes pyramides. L'immensité et la longueur des travaux, les souffrances qui en résultèrent pour la population, rendirent plus tard impopulaires Khoufou et Khàwrà; la tradition en fit des sacrilèges. Cependant ces princes, les inscriptions nous l'apprennent, furent aussi pieux que Ménkerà, dont les vertus restèrent légendaires : ils restaurèrent les temples et en construisirent de nouveaux.

On appelle grandes pyramides celles de Khoufou, Khàwrà et Ménkerà, pour les distinguer des autres plus petites, qui sont nombreuses dans la même région [2]. Elles se dressent à peu de distance de Memphis, sur la rive gauche du Nil et dominent le village de Giseh.

1. Les noms grecs sont : *Cheops, Chephren, Mykerinos.*

2. Entre le Delta et le Fayoum, on a compté 67 pyramides répandues du nord au sud, sur un espace d'une dizaine de lieues. Les plus remarquables, après celles de Gizeh, sont celles de Saqqarah : la plus élevée est formée par cinq étages de degrés.

Hérodote nous a laissé sur la construction de la première, qui est la plus haute, des détails extrêmement curieux [1] : 100 000 hommes y travaillaient à la fois pendant trois mois; puis 100,000 autres les remplaçaient pendant trois mois; il en fut ainsi durant trente années. Il semble qu'alors le peuple entier n'ait eu d'autre occupation que l'édification du tombeau royal. On mit dix ans à creuser les fondations et les caveaux souterrains, taillés dans la colline même que surmonte la pyramide de Khouwou. « Elle est quadrangulaire, formée de blocs polis et parfaitement ajustés; aucun bloc n'a moins de 30 pieds. » Son élévation totale est de 137 mètres; sa largeur à la base de chaque face, est de 227 mètres. Le monument renferme plusieurs chambres où l'on parvient par des couloirs.

Aujourd'hui, l'accumulation du sable a diminué la hauteur apparente des pyramides, et d'ailleurs ce qu'on en voit, dit Mariette, n'en est plus que le noyau. « Originairement elles étaient recouvertes d'un revê- « tement lisse qui a disparu. Elles se terminaient en « pointe aiguë. Les pyramides étaient des tombeaux « hermétiquement clos; chacune d'entre elles, au moins « celles qui ont servi à la sépulture d'un roi, avait « un temple extérieur, qui s'élevait à quelques mètres « en avant de la façade orientale. Le roi, déifié comme « une incarnation de la divinité, y recevait un culte. « Les trois grandes pyramides de Gisch ont, comme « les autres, un temple extérieur. »

Dans celui de Khâwrâ, Mariette a retrouvé en 1860 la statue de ce prince. Elle est actuellement au musée de Boulaq[*] et peut être regardée comme un des plus anciens monuments à la sculpture, puisque la 4e dynastie commence 4000 ans environ avant notre ère et que Khâwrâ en est le troisième roi.

« Au sud-est de la grande pyramide, est le sphinx. Le sphinx est un rocher naturel auquel on a donné, tant bien que mal, l'apparence extérieure de cet animal symbolique*. La tête seule a été sculptée. Le corps est le rocher lui-même, complété aux endroits défectueux par une mauvaise maçonnerie en calcaire. La hauteur totale du monument est de 19m97, l'oreille a 1m79, la bouche 2m32, la plus grande largeur de la figure est de 4m15 [1]. »

L'impression causée au voyageur par la vue des grandes pyramides est saisissante et d'une nature particulière. Il arrive souvent, quand on visite des ruines très anciennes, que l'on ne retrouve plus la main de l'ouvrier. Tout est bouleversé; on a devant les yeux des débris informes que la nature et le temps auraient pu former à eux seuls. Bien différentes apparaissent les grandes pyramides: ce ne sont pas des ruines; dequelque côté qu'on les regarde, on est bien en face d'une œuvre humaine, et si l'on songe à ces milliers d'ouvriers, inconnus aujourd'hui, qui jadis ont usé leur vie à élever dans les airs ces masses gigantesques « aucune parole « ne peut traduire le sentiment d'écrasement qui s'abat « sur l'esprit. On se sent oppressé et chancelant « comme sous un fardeau [2] ».

IV. — La 1re dynastie vers 3703. Le ministre Ouna construit la pyramide funéraire de Meren-Râ.

L'ancien empire atteignit l'apogée de sa puissance sous la 6e dynastie pendant les règnes de *Veri Râ-Papi I* et de son fils *Meren-Râ*.

1. Mariette, *Itinéraire des invités du Khédive.*
2. Osburn, *The monumental history of Egypt.*

On exploita activement les riches mines de cuivre et de turquoises ouvertes au Sinaï par Khouwou.

Des villes s'élevèrent de tous côtés, surtout dans la Moyenne Egypte. Une route commerciale fut tracée, à travers le désert, de Coptos à la mer Rouge, pour recevoir, au sud, les produits de l'Arabie et de l'Inde. La soumission définitive de l'Ethiopie en assura l'arrivée.

En même temps, les grandes victoires du ministre OUNA dans la Syrie méridionale donnèrent au commerce égyptien un vaste débouché vers l'Asie Mineure et la Mésopotamie.

Ouna fit beaucoup pour la gloire de Papi I et de Meren-Râ. Il avait été introduit tout enfant à la cour. Papi le prit en amitié et lui donna plus tard la charge de « *Surveillant de la pyramide funéraire.* »

L'habileté qu'Ouna déploya dans ses nouvelles fonctions le désigna au choix de Meren-Râ, lorsqu'il s'agit, à l'avènement du nouveau roi, de diriger l'édification de son tombeau.

Ouna, nommé « *gouverneur des pays du sud* », fut envoyé à Eléphantine[1] pour chercher le granit nécessaire aux ouvriers. Or Éléphantine était située au-dessous de la dernière[2] cataracte et les rapides peuvent rendre la navigation dangereuse pour des bateaux lourdement chargés. Il fallut construire une flotte près des carrières ; creuser des canaux pour l'amener au Nil avec les matériaux qu'elle portait ; des bassins pour élargir le lit du fleuve. Ouna accomplit en un an ces immenses travaux, en mettant des peuplades entières à réquisition.

1. Auj. Gesyret-Assouan.
2. La dernière en prenant les sources du Nil comme point de départ.

On vit alors pour la première fois des vaisseaux construits en Éthiopie, descendre le Nil jusqu'à la mer.

Meren Râ ne fut pas ingrat ; il donna à Ouna le privilège de ne jamais ôter ses sandales en entrant dans les appartements royaux.

Grandeur de l'Ancien Empire.

Le spectacle qu'offre l'Égypte de la 4ᵉ à la 7ᵉ dynastie est digne de fixer l'attention. « Quand le reste « de la terre, remarque Mariette, est encore plongé « dans la barbarie ; quand les nations les plus illus- « tres, qui joueront plus tard un rôle si considé- « rable dans les affaires du monde, sont encore à l'état « sauvage, les rives du Nil nous apparaissent comme « nourrissant un peuple sage et policé et une monar- « chie puissante, fondée sur une formidable organisa- « tion de fonctionnaires et d'employés, règle déjà les « destinées de la nation.

« Dès que nous l'apercevons, à l'origine des temps, « la civilisation égyptienne se montre ainsi à nous « toute formée. » Par l'élégance des mœurs et la per- fection des arts, par le progrès des sciences, elle n'est pas inférieure à ce qu'elle sera plus tard à l'époque des grandes conquêtes.

Le commerce se développe largement au sud et au nord, et l'Égypte, cessant désormais de vivre isolée, entre en relation avec le monde oriental.

CHAPITRE III

DEUXIÈME PÉRIODE (11ᵉ à 21ᵉ dynastie : 1ᵉʳ ANCIEN EMPIRE THÉBAIN.)

I. TEMPS OBSCURS DE LA 6ᵉ A LA 11ᵉ DYNASTIE : THÈBES SUCCÈDE A MEMPHIS. — II. LA 12ᵉ DYNASTIE: LES AMENEMHAT ET LES OUSORTESEN. — III. GRANDS TRAVAUX; LE MÉRI; LE LOPE-RO-HOUNT. — IV. ÉTENDUE DE L'EMPIRE EGYPTIEN. — V. INVASION DES PASTEURS : LES HÉBREUX EN EGYPTE. GUERRE DE L'INDÉPENDANCE.

―――

I. — Temps obscurs de la 6ᵉ à la 11ᵉ dynastie. Thèbes succède à Memphis.

La prospérité de l'Egypte, si grande, sous la 6ᵉ dynastie fut ensuite interrompue pendant plusieurs siècles. Une invasion semble avoir modifié profondément les habitudes de la nation. Aucun monument, d'ailleurs, ne nous renseigne sur les profondes commotions dont la vallée du Nil fut alors le théâtre.

Mais quand, « avec la 11ᵉ dynastie, on voit l'Egypte se « réveiller de son long sommeil, les anciennes tradi- « tions sont oubliées : les noms propres usités dans les « anciennes familles, les titres donnés aux fonction- « naires, l'écriture elle-même et jusqu'à la religion, tout

« semble nouveau. [1] » Memphis n'est plus la capitale du pays. Une ville nouvelle, Thèbes, sans doute fondée

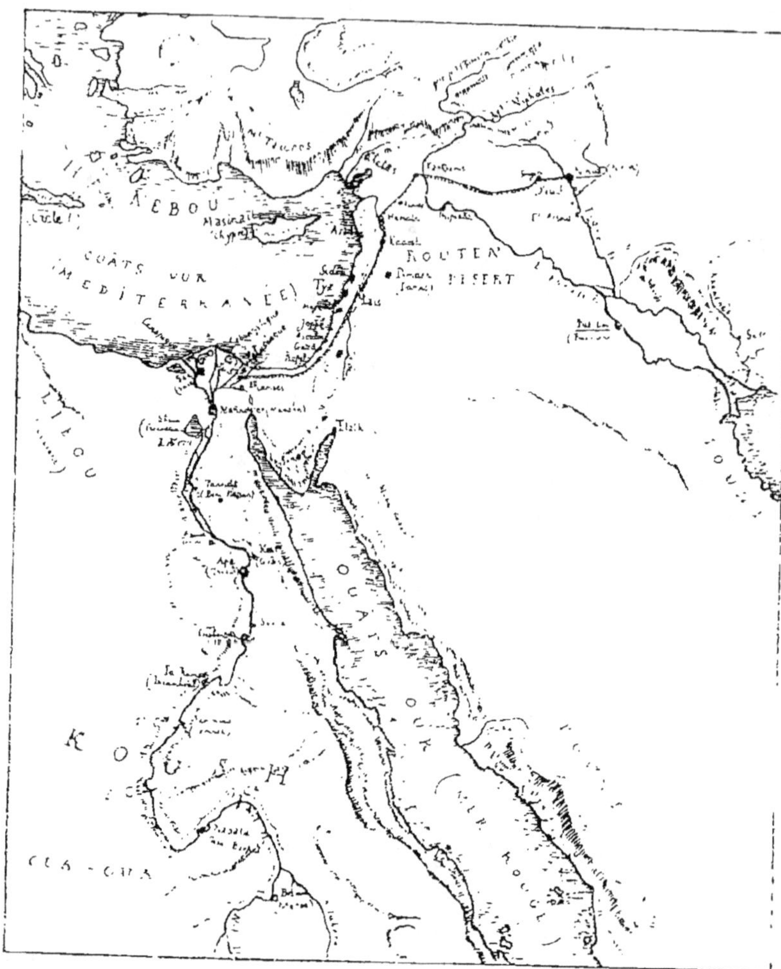

ÉGYPTE ANCIENNE.

vers la fin de l'Ancien Empire [2], est devenue le siège du gouvernement.

1. Mariette. *Histoire d'Égypte.*
2. Les opinions diffèrent à ce sujet; en tout cas, Aput (Thèbes) n'avait d'abord qu'une importance religieuse.

Peu à peu les princes de la 11e dynastie rétablissent l'unité de territoire et ceux de la 12e, en rendant la puissance à l'Egypte, savent lui donner le bonheur.

II. — La 12e dynastie : les Amenemhat et les Ousortesen.

Ces rois qui s'appellent de père en fils Amenemhat et Ousortesen furent aimés de leurs sujets et respectés des étrangers. Les inscriptions des hypogées, dites de *Beni-Hassan*[1] nous montrent les gouverneurs, fidèles observateurs de leurs devoirs envers le prince, préocupés d'assurer le bien-être du peuple par la distribution du travail et justement fiers de leur œuvre. « Moi, dit l'un « d'eux, Ameni, j'étais un maître de bonté, plein d'a-« mabilité, un gouverneur qui aimait son pays. J'ai « travaillé et le nome entier fut en pleine activité ; ja-« mais petit enfant ne fut affligé par moi ; jamais « veuve maltraitée par moi ; jamais je n'ai repoussé « le laboureur, jamais je n'ai entravé le pasteur... Jamais « disette ne fut de mon temps, jamais affamé sous mon « gouvernement dans les années de mauvaise récolte. « Car j'ai labouré tous les terrains du nome de Meh jus-« qu'à ses limites au sud et au nord ; j'ai fait vivre ses « habitants en leur répartissant les constructions... J'ai « donné également à la veuve et à la femme mariée et « je n'ai pas préféré le grand au petit. »

La prospérité du nome de Meh n'était pas une exception. Partout en Égypte régnait la même activité du travail. L'agriculture était en plein développement ; l'industrie florissante ; le commerce actif.

1. Le village actuel de Beni-Hassan s'élève près des hypogées princières du nome ou gouvernement de Meh. Cf. plus bas, p. 67.

III. — **Grands travaux. Le Mer. Le Lope-ro-hount.**

Les Amenemhat et les Ousortesen, multiplièrent les travaux de canalisation ; des postes militaires protégèrent les canaux contre la malveillance ; mais il y avait encore beaucoup à faire pour régler l'inondation.

Trop forte, elle renversait les digues *, submergeait les villages, bouleversait les terres et formait çà et là des flaques d'eau pestilentielles. Trop faible, elle laissait, malgré les progrès accomplis, certaines régions desséchées et stériles.

Le roi Amenemhat III eut la gloire de construire, ou tout au moins d'achever le fameux réservoir attribué longtemps à un roi Mœris qui n'a pas existé.

A quelques lieues en amont * de Memphis, la chaîne occidentale, ou chaîne libyque, s'interrompt tout à coup et donne accès dans une vallée bientôt élargie en forme d'amphithéâtre. Au centre de cette vallée s'étend un vaste plateau dont le niveau général est celui des plaines de l'Égypte ; à l'ouest au contraire, s'offre une dépression qu'emplit de ses eaux un lac naturel le Birket-Qeroun.

Amenemhat III enferma une portion du plateau entre des digues de 50 mètres de large et de 3 mètres et demi de haut. Puis il fit creuser deux canaux *, munis d'écluses *, pour mettre en communication le réservoir et le Nil.

L'inondation était-elle trop abondante, les canaux en déchargeaient une partie dans le lac : était-elle insuffisante, on ouvrait les écluses *, et l'eau emmagasinée, relâchée à mesure que le besoin s'en faisait sentir, venait en aide au fleuve pour fertiliser toute la Moyenne-Égypte.

Les restes des digues subsistent encore.

Le lac portait plusieurs noms : *Hount*, ou l'*Inonda-tion; Meri*, le lac par excellence, enfin *Ph-Ioum*, la mer, dont les Arabes ont tiré l'appellation actuelle de Fayoum, donnée par eux à la province.

Hérodote nous raconte qu'au milieu du lac s'élevaient deux pyramides, surmontées chacune d'un colosse assis : l'un représentait Amenembat, l'autre la reine, sa femme. On a retrouvé les bases des deux pyramides, mais elles ne sont plus baignées par les eaux.

Près de là, Amenembat s'était fait construire un palais gigantesque qui lui servit de tombeau. Le palais devint alors le temple à l'entrée du lac; *Lope-ro-hount;* c'est de ce mot que les Grecs ont fait *laburinthos* (labyrinthe).

Le palais d'Amenembat s'élevait en face de la ville, à peu près disparue, de *Crocodicopolis*, la ville des crocodiles. Il renfermait, dit-on, 3,000 chambres, dont la moitié sous terre; les murs et les plafonds étaient couverts d'inscriptions et de bas-reliefs ; Pline nous apprend qu'on y déposait les statues des divinités ou des rois défunts.

C'est seulement de nos jours qu'on a retrouvé dans les ruines le nom du véritable fondateur, Amenembat, oublié pendant plus de vingt siècles. [1]

IV. — Étendue de l'Empire égyptien.

Les princes de la 12e dynastie firent souvent la guerre, mais pour assurer la paix, en rejetant au loin les no-

---

[1] Cf. Maspero, *Hist. ancienne.* p. 114 à 118, et Mariette, *Aperçu de l'histoire d'Égypte*, p. 33.

mades [1]. Au sud, les frontières furent reculées jusqu'à la quatrième cataracte ; au nord. jusqu'au désert de Syrie. De nombreuses forteresses les défendirent contre les nègres et les populations de l'Asie Mineure.

Rien ne semblait devoir troubler la sécurité profonde des pharaons, [2] qui avaient espéré prévenir pour toujours l'anarchie en associant au trône leurs fils aînés.

V. — Invasion des Pasteurs. Les Hébreux en Égypte. Guerre de l'Indépendance.

La prospérité de l'Egypte se maintint en effet pendant la xiiie dynastie. qui dura environ 453 ans. Mais la xive, issue de Xoïs [3] (vers 2398) fut menacée par des agitations intérieures et quand les Pasteurs envahirent le Delta, ils en devinrent les maîtres *sans combat*. Il n'y eut pas de résistance : c'est un écrivain égyptien. un prêtre, *Manethon*, qui nous l'affirme : l'Égypte était donc affaiblie.

Ces peuples pasteurs appartenaient comme les Chananéens à la race Koushite ; peut-être avaient-ils été chassés des bords du golfe Persique par une invasion des Élamites. Les Égyptiens leur appliquèrent le nom de *Shous*, pillards. et de *Mentiou*, pasteurs. qu'ils donnaient en général à leurs voisins nomades de la Syrie.

Manethon affecte de regarder les Shous comme de véritables barbares. mais les découvertes de Mariette prouvent que les vainqueurs se civilisèrent rapidement

---

1. Cf.. plus haut. p. 9.
2. Titre des rois d'Egypte. Cf.. plus bas. p. 61.
3. Auj. Sakha.

au contact des vaincus. « La cour des pharaons re-
« parut autour des rois Pasteurs avec toute sa pompe
« et tout son cortège de fonctionnaires grands et
« petits; le protocole * royal des Khouwou et des Ame-
« nemhat fut adapté aux noms étrangers d'*Iannès* et
« d'*Apapi*. La religion égyptienne, sans être adoptée
« officiellement, fut tolérée et la religion des Chana-
« néens subit quelques modifications pour ne pas bles-
« ser outre mesure la susceptibilité des adorateurs
« d'Osiris. Enfin, les pasteurs firent de Tanis[1] leur
« capitale, une ville somptueuse [2]. »

C'est sous la domination des Hiq-Shous (rois-pil-
lards) que les Hébreux vinrent en Égypte avec le patriarche Jacob. Ils furent bien traités du roi Apapi (?),
qui retrouvait en eux des pasteurs. Cette faveur, que
les Hébreux devaient à leurs mœurs, expliquerait la
haute fortune de Joseph et confirmerait le récit de la
Bible.

L'autorité des Hiq-Shous ne dépassa guère le *Delta;*
les princes thébains réussirent à se maintenir indépendants, en payant tribut.

Un jour vint, où, plus puissants, ils osèrent s'en affranchir et attaquer leurs anciens vainqueurs. La lutte fut
longue et acharnée : elle eut dès le début un caractère
religieux. Le roi pasteur ayant appris que son dieu
Soutekh n'était pas adoré par le prince thébain Taâà Ier,
le somma d'abandonner le culte national d'Ammon-Râ.
Taâà refusa. Il fit plus et fonda en face de la xvii[e]
dynastie des Shous, la 17e dynastie *thébaine;* puis,
soutenu par tous les petits princes égyptiens, Taâà
commença la guerre de l'indépendance.

1. Auj. Sàn.
2. Maspero, *Hist. anc.*, p. 172.

Elle dura cent cinquante ans. Enfin, le roi Ahmès parvint à s'emparer d'Hà-ouàr [*], le camp retranché des Pasteurs qu'il refoula en Asie. Les Shous avaient dominé dans la basse Égypte pendant près de cinq siècles et fourni trois dynasties de rois (15ᵉ, 16ᵉ, 17ᵉ).

CHAPITRE IV

DEUXIÈME PÉRIODE (*suite*) (11e à 22e dynastie) :
2° NOUVEL EMPIRE THÉBAIN.

I. LES GRANDES CONQUÊTES. LES THOTMÈS ET LES RAMSÈS. — II. ERREUR DES ANCIENS AU SUJET DE RAMSÈS II. *La bataille de Kadesh. Victoire maritime de Ramsès III.* — III. LES GUERRES D'ASIE SONT STÉRILES. COLONISATION DE L'ÉTHIOPIE. — IV. ASPECT IMPOSANT DU NOUVEL EMPIRE. — V. LA DÉCADENCE, COMMENCÉE SOUS RAMSÈS II, EST PRÉCIPITÉE PAR UNE RÉVOLUTION RELIGIEUSE QUI AMÈNE LE DÉMEMBREMENT DE L'ÉGYPTE.

———

I. — Les grandes conquêtes. Les Thotmès et les Ramsès. (18e, 19e, 20e dynasties ; environ de 1 703 à 1 110.

La longue guerre de l'indépendance avait habitué le peuple égyptien à la guerre et éveillé chez ses rois la passion des conquêtes.

Les armées égyptiennes prirent le chemin de l'Asie, qu'elles avaient appris à connaître en poursuivant les Pasteurs ; bientôt l'empire des Pharaons s'allongea des sources du Nil bleu* à celle de l'Euphrate et du Tigre ; l'Égypte posséda Chypre ; ses flottes, montées par des marins nationaux [1], fréquentèrent les côtes méridionales et orientales de l'Arabie.

1. Nationaux et non Phéniciens. Les Égyptiens n'avaient aucune répulsion pour la mer, comme on l'a cru longtemps. Voy. plus bas, p. 83.

Les noms des Thotmès et des Ramsès résument cette période épique de l'histoire d'Égypte.

Thotmès I pénétra en Asie jusqu'à l'Euphrate.

Sa fille *Haïtshopou*, épouse et sœur de *Thotmès II*, gouverna le royaume pendant la minorité de son second frère Thotmès III, fit explorer par une flotte le pays de Pount[1] et sut maintenir la suprématie de l'Égypte sur la Syrie. Les monuments la représentent avec une longue barbe.

Thotmès III parvint jusqu'au Tigre, soumit l'Assyrie et chassa l'éléphant dans les plaines de Mésopotamie.

Amenhotep II, Thotmès IV conservèrent à l'empire son intégrité.

Mais des troubles religieux éclatèrent sous le règne d'Amenhotep III : le fondateur de la 19ᵉ dynastie, Ramsès I, ne dominait plus sur la Syrie septentrionale. Les guerres de l'Égypte, encore glorieuses, sont dès lors défensives ; elle est attaquée aussi souvent qu'elle attaque, sous Seti I, Ramsès II, 19ᵉ dynastie, et sous Ramsès III (20ᵉ dynastie).

II. — Erreur des anciens au sujet de Ramsès II. *La bataille de Kadesh. Victoire maritime de Ramsès III.*

Ramsès II est le Sésostris des anciens, qui lui attribuèrent une foule d'exploits invraisemblables. Cette erreur peut s'expliquer.

Aucun nom de roi ne se retrouve plus fréquemment sur les monuments. Peu scrupuleux, d'ailleurs et prodigieusement orgueilleux, Ramsès n'hésitait pas à faire

1. « Le nom de Pount s'applique aux pays situés sur les deux rives du Bab-el-Mandeb ; les Égyptiens y ont cherché de bonne heure la plupart des parfums qu'ils employaient au culte. — Maspero. »

gratter sur les édifices le nom de ses prédécesseurs pour y substituer le sien. « Il est pour ainsi dire impossible, dit Mariette, de rencontrer en Egypte une ruine, une butte antique, sans y lire le nom de Ramsès II. » Les anciens purent croire que ce prince était le plus illustre des conquérants égyptiens.

D'autre part, les poètes du temps, *Pentaour* entre autres, chantent à l'envi la bataille de Kadesh et leurs éloges trop magnifiques firent oublier que cette victoire avait failli être une défaite.

Le roi, raconte *Pentaour*, surpris seul par les Khétas*, parvint seul à les repousser : il ne faut pas chercher la vraisemblance dans le récit du poète. A la vue de l'ennemi, Ramsès ne s'épouvante pas. Il saisit ses armes, revêt sa cuirasse et lance sur les Khétas* ses deux grands chevaux, « *Victoire à Thèbes* » et « *Noura satisfaite* ».

Bientôt Ramsès est enveloppé par 2,500 chars, dont chacun portait trois hommes ; derrière les chars, il y avait des millions de soldats. Toute retraite est fermée au roi qui s'en inquiète peu et reproche à son père Ammon de l'avoir abandonné. Le roi dieu parle en égal au dieu national : « *Ne t'ai-je pas consacré des offrandes innombrables ? J'ai rempli ta demeure sacrée de mes prisonniers ; je t'ai bâti un temple pour des millions d'années, je t'ai donné tous mes biens pour les magasins.* »

Puis il consent à s'humilier : « *Je t'invoque, ô mon père Ammon ! Me voici au milieu de peuples nombreux et inconnus de moi ; toutes les nations se sont réunies contre moi et je suis seul de ma personne, aucun autre avec moi. Mes nombreux soldats m'ont abandonné ; aucun de mes cavaliers n'a regardé vers moi ; quand je les appelais, pas un d'entre eux n'a écouté ma voix.*

« Mais je pense que Ammon vaut mieux pour moi qu'un million de soldats, que cent mille cavaliers, qu'une myriade de frères ou de jeunes fils... L'œuvre des hommes n'est rien, Ammon l'emportera sur eux... »

L'invocation est beaucoup plus longue et cependant Ramsès est seul au milieu des Khétas. Il ne s'en émeut pas. Sa pensée s'est élevée au-dessus de la terre jusque dans un monde suprême où le bruit de la bataille ne parvient pas.

Bientôt retentit la voix redoutable d'Ammon :

PHARAON COMBATTANT AVEC EMBLÈMES

« J'accours à toi Ramsès Meïamoun : c'est moi, ton père, ma main est avec toi et je vaux mieux pour toi que des centaines de mille : ma volonté s'accomplira. »

Alors Ramsès brise les deux mille cinq cents chars, et pas un des Khétas qu'il frappe ne se relève. « Je les précipite dans les eaux, s'écrie-t-il, comme y tombe le crocodile : ils sont couchés sur la face, l'un sur l'autre, et je tue au milieu d'eux. Je ne veux plus qu'un seul regarde derrière lui : celui qui tombe ne se relèvera pas. » Le prince des Khétas recule frappé d'épouvante. « Ce n'est pas un homme, dit-il, qui est au milieu de nous, c'est Baal en personne. Ce ne sont pas les ac-

*tions d'un homme, ce qu'il fait : seul, tout seul, il re-
pousse des centaines de mille.* »

Le soir enfin, quand l'ennemi est en fuite, l'armée
égyptienne arrive sur le champ de bataille et Ramsès
lui adresse de terribles reproches pour l'avoir laissé
seul au milieu des pervers Khétas, avec ses deux grands
chevaux, « *Victoire à Thèbes* » et « *Noura satisfaite.* »

Ramsès II fut assurément un prince guerrier, mais
la renommée qu'il mérita en protégeant les lettres et
les arts est plus solide que celle de ses victoires ; le
temps des grandes conquêtes ne reviendra plus. Les
barbares ne cessent de menacer l'Égypte, et le fils de
Ramsès II, *Menephtah* eut beaucoup de peine à repousser les Libyens. Au péril des invasions s'ajoutait
celui des révolutions intérieures : « *Le pays s'en
allait à la dérive... les chefs des nomes se tuaient
entre eux; chacun complotait avec le prochain pour
piller les biens l'un de l'autre et, comme on traita
les dieux de même que les hommes, il n'y eut plus
d'offrandes faites dans les temples* [1]. »

Au milieu de cette anarchie, une nouvelle dynastie
s'éleva (la 20ᵉ): Ramsès III en est le deuxième roi.
Son règne brillant jeta un dernier éclat sur les armes
égyptiennes. Il réussit, au prix d'une énergie infatigable,
à maintenir l'intégrité de l'empire qui ne comprenait
plus, en Asie, que le littoral syrien, jusqu'à l'embouchure de l'Oronte. Sa plus célèbre victoire fut rempor-
tée sur les peuples d'Asie Mineure, unis aux Grecs.
Nous en possédons le récit complet, dans une inscription du grand palais de Medinet Abou, à Thèbes, où
chaque colonne, chaque porte, chaque chambre raconte la gloire de Ramsès III.

---

1. Grand papyrus Harris. Cf. Maspero, *Hist. anc.*, p. 256.

L'inscription renferme le récit d'une bataille maritime; elle est accompagnée d'un gigantesque bas-relief, unique dans son genre, car les combats représentés sur les autres monuments se livrent toujours sur terre.

La guerre eut lieu dans la neuvième année du règne. A l'est les Bédouins attaquaient les postes fortifiés du Delta et les établissements miniers du Sinaï.

A l'ouest, les Libyens envahissaient de nouveau la vallée du Nil.

Enfin les peuples d'Asie Mineure et les Grecs des îles et du Péloponnèse formaient contre l'Égypte une redoutable coalition.

Ramsès, après avoir châtié les Bédouins et les Libyens, se retourna contre les coalisés, dont le rendez-vous était à la pointe du Delta, près de l'endroit où s'éleva plus tard Péluse *.

Une double bataille s'engagea sur terre et sur eau, sous les murs d'un château fort appelé la « *Tour de Ramsès III* ». Le roi raconte lui-même ses exploits :

« *Les vaisseaux étaient garnis de la proue à la poupe de braves guerriers, munis de leurs armes. Sur le rivage, les fantassins, l'élite de l'armée d'Égypte, étaient comme le jeune lion rugissant sur les montagnes; les cavaliers s'élançaient, se rangeaient auprès de leurs braves capitaines, les chevaux frémissaient de tous leurs membres, impatients de fouler aux pieds les barbares.*

« *Quant à moi, j'étais vaillant comme le dieu Month, je restais à leur tête. Ils ont vu les exploits de mes bras. Moi, le roi Ramsès, j'ai agi comme le héros qui connaît sa force, qui sort son bras et défend ses hommes au jour des massacres. Ceux qui se sont approchés de mes frontières ne moissonneront plus la terre, le temps de leur âme est compté dans l'éternité.* »

III. — **Les guerres d'Asie sont stériles. Colonisation de l'Ethiopie.**

L'empire égyptien survit à Ramsès III, car si l'Egypte est trop épuisée pour se faire obéir, les peuples vaincus sont trop affaiblis pour l'attaquer. L'autorité des pharaons ne fut bientôt plus que nominale et les nations vaincues se retrouvèrent libres, sans avoir combattu pour reconquérir leur indépendance.

D'ailleurs les guerres d'Asie, même au temps des Thotmès, ne rapportèrent guère à l'Egypte que de la gloire.

Les pharaons ne songèrent jamais à transformer les pays soumis en pays égyptiens. Satisfaits de promener leurs armées triomphantes de Thèbes à Ninive, ils s'inquiétaient peu d'organiser la conquête ; victorieux, ils revenaient dans leur capitale faire hommage au dieu Ammon des captifs, du butin et du tribut.

Ce tribut même n'était payé qu'autant que le pharaon était assez puissant pour l'exiger ; sinon, les vaincus de la veille se révoltaient et l'expédition était à recommencer.

Quand on connaît une des guerres égyptiennes, on les connaît toutes. L'armée d'invasion suit toujours le même chemin et les batailles sont toujours livrées dans les mêmes lieux, à *Mageddo*, à *Kadesh*, au *gué de l'Euphrate* près de *Karkémish*, en un mot sur la route de la Mésopotamie qui est le point extrême atteint en Orient par les conquérants égyptiens.

Au temps des Thotmès et des Ramsès, les Asiatiques furent le plus souvent tributaires de l'Egypte, ce qui ne signifie pas qu'ils se regardassent habituellement comme ses sujets.

Les guerres d'Éthiopie marquent une exception dans la politique des pharaons : c'est la seule ; mais elle eut des conséquences considérables.

L'Éthiopie fut en effet colonisée, c'est-à-dire que les Égyptiens s'y établirent à demeure ; et comme l'Éthiopie devint très florissante, comme elle adopta merveilleusement le gouvernement, les mœurs, les arts même des vainqueurs, elle devint bientôt une nouvelle Égypte, capable d'asservir l'ancienne. Napata remplaça Thèbes et l'on peut dire que la fin de l'histoire d'Égypte est en partie l'histoire de l'Éthiopie.

IV. — **Aspect imposant du nouvel empire.**

De la 18ᵉ à la 21ᵉ dynastie, le nouvel empire, malgré son affaiblissement progressif, présente un aspect imposant. Dans leur magnifique capitale, en face de ces innombrables monuments de leur gloire et de leur orgueil les rois pouvaient se croire les maîtres « *de poser les frontières où il leur plaisait* ».

Qu'on se figure l'aspect de Thèbes à l'époque des grandes conquêtes. Chaque semaine apportait avec elle la nouvelle d'une victoire ; l'immense cité voyait défiler dans ses murs les vaincus de l'Asie et de l'Afrique. Un jour c'étaient des Asiatiques, au corps blanc, bigarré de peintures, « coiffés de casques étranges ou la tête encadrée dans la fourrure d'une bête fauve ».

Le lendemain, nouveau spectacle : de longues acclamations saluaient le général vainqueur des nègres d'Abyssinie qui faisait dans la ville une entrée triomphale, avec toute son armée, précédé de ses prisonniers aux cheveux crépus et de son butin : des girafes, des singes, des panthères apprivoisées.

Soudain le cortège s'ar-
rêtait: à l'autre bout de
la rue débouchait une
caravane, apportant de
la mer Rouge les pro-
duits de l'Inde ou de l'A-
rabie, tandis que des ma-
rins phéniciens débar-
quaient sur les quais du
bois de cèdre, des objets
de bronze et des étoffes
de pourpre. Il y avait un
instant de confusion pit-
toresque: l'Asie et l'Afrique se mêlaient dans une
même cohue. Puis l'or-
dre se faisait; les deux
cortèges redevenaient
distincts, se croisaient,
puis s'allongeaient en
processions dans les lar-
ges avenues bordées de
monuments énormes, qui
suivaient les deux rives
du Nil.

Et ces défilés extraor-
dinaires durèrent sans
interruption , pendant
cinq cents ans, au milieu
des obélisques et dans les
avenues de sphinx, de-
vant le *temple d'Ammon*,
les *palais des Thotmès et
des Ramsès*, près de cette

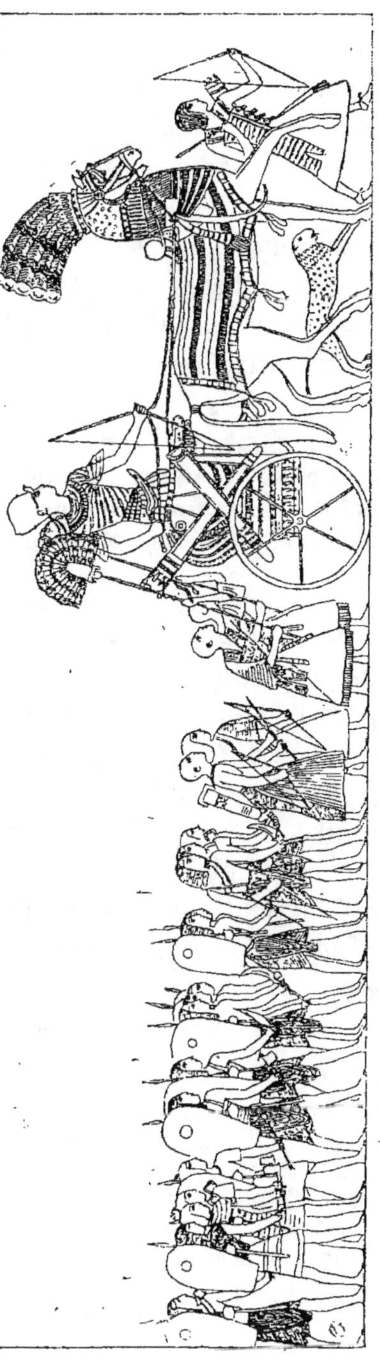

MARCHE TRIOMPHALE DU PHARAON.

fameuse *demeure des rois*, dont la grande salle avait quatre fois la superficie de Notre-Dame de Paris et que cent trente-quatre colonnes partageaient en quatorze galeries. Pendant cinq siècles, une population immense acclama sans se lasser, au roulement des tambours, aux sonneries des clairons, le *cortège triomphal* du pharaon. « *Vie, santé, force* » à Thotmès, criait-elle. « *Vie, santé, force* » à Ramsès! tandis que le roi, fou d'orgueil, allait dans le sanctuaire sacrifier lui-même à sa divinité.

V. — La décadence, commencée sous Ramsès II, est précipitée par une révolution religieuse qui amène le démembrement de l'Egypte.

La puissance de l'Egypte, on l'a vu, était plus apparente que réelle.

Après la victoire de Kadesh, l'Egypte avait simplement conservé sa liberté. D'ailleurs, « égalité et réciprocité parfaite entre les deux peuples, alliance offensive et défensive, extradition des criminels et des transfuges, telles sont les principales clauses du traité avec les Khétas qu'on peut considérer jusqu'à présent comme le monument le plus ancien de la science diplomatique [1] ».

A la fin de la 19e dynastie, le pharaon [2] est impuis-

1. M. Maspero donne d'assez longs fragments de ce traité, que les limites restreintes de ce livre m'empêchent de citer intégralement. Cf. *Hist. anc.* p. 223.

2. La tradition qui place l'Exode sous le règne de Menephtah n'est pas vraisemblable. — « A tenir compte des monuments connus jusqu'ici, rien encore dans l'état de l'Egypte sous Menephtah n'indique une décomposition assez profonde pour que la révolte et la fuite d'une tribu considérable aient pu se produire

sant à empêcher les Hébreux de quitter l'Egypte sous la conduite de Moïse.

Enfin, rien ne montre mieux la décadence de l'Egypte que son dégoût de la gloire, et cela, pendant le beau règne de Ramsès III. La gloire d'ailleurs devenait périlleuse, ce n'était plus le temps des fortunes rapides, alors qu'un fils de batelier partait simple soldat et revenait général. Non seulement le peuple est dégoûté de la renommée militaire, mais il ne néglige aucune occasion de la tourner en ridicule ; il n'y a pas alors pour lui de meilleure profession que celle de scribe : c'est là un trait de mœurs. L'Egypte sous Thotmès III voulait la guerre ; sous Ramsès III et surtout sous ses successeurs, « l'Egypte voulait la paix à tout prix [1] ».

La décadence fut précipitée par une révolution.

Le nouvel empire avait tiré toute sa force de la religion : c'était au nom d'Ammon que les pharaons avaient envahi l'Asie.

Il arriva que le grand-prêtre, dont le pouvoir n'avait cessé de s'accroître depuis la mort de Ramsès III, se trouva un jour plus puissant que le roi. Ce jour-là, *Her-hor*, c'était le nom du grand-prêtre, osa fonder une dynastie qui fut reconnue par l'Ethiopie et la Syrie.

La basse Egypte protesta ; des guerres civiles éclatèrent. Vaincus mais non résignés à leur défaite, les descendants de Her-Hor se retirèrent à Napata, où ils fondèrent un royaume indépendant. Dès lors, l'Ethiopie devint la rivale et l'ennemie de l'Egypte.

heureusement. » L'armée, victorieuse des Libyens, était prête pour la répression. « C'est seulement pendant les années qui précédèrent ou suivirent la mort de Seti II, que se trouvent réunies les conditions favorables à l'Exode : décomposition et démembrement de la monarchie égyptienne, invasion étrangère, etc... » (G. Maspero, *Hist. anc.*, p. 258-261.)

1. Cf. *Ibid.*, p. 267 à 269.

A la faveur de cette révolution et de ces troubles, les Asiatiques s'affranchissaient du tribut et l'empire juif se constituait sous David et Salomon, du Jourdain à l'Euphrate, sur la frontière égyptienne ramenée à l'isthme de Suez.

CHAPITRE V

TROISIÈME PÉRIODE (22e à 30e dynastie). Prépondérance des villes du Delta.

I. Disparition de l'armée nationale ; influence des mercenaires : Sheshonq Ier (22e dynastie). — II. Morcellement de l'Egypte en principautés : prééminence de Saïs ; invasion éthiopienne. Rivalité des Ethiopiens et des Assyriens. — III. Restauration de l'Egypte par la 26e dynastie Saïte. — IV. L'Egypte asservie aux Perses, puis aux Grecs.

I. — Disparition de l'armée nationale ; influence des mercenaires : Sheshonq Ier (22e dynastie, vers 980).

Les villes du Delta conservèrent jusqu'à la fin de l'histoire d'Egypte la prééminence qu'elles avaient due à la chute de Thèbes. Bubaste[1], Tanis, Saïs se disputèrent l'honneur de fournir des dynasties royales qui ne furent pas toutes égyptiennes.

La longueur des guerres, l'affranchissement de l'Ethiopie, avaient ruiné la puissance militaire du pays et les pharaons s'étaient vus forcés de compléter par des troupes mercenaires les contingents indigènes devenus insuffisants.

Dans le Delta, les barbares retrouvaient des compa-

---

1. Tell-Basta.

triotes au milieu des peuples vaincus, autrefois déportés par les conquérants égyptiens et qui, presque tous, avaient conservé, plus ou moins altérées, leurs mœurs et leur langue nationales. A Saïs, les rois s'entouraient de gardes libyennes, parce qu'ils les trouvaient plus sûres et plus belliqueuses que les gardes égyptiennes ; on vit même plus d'une fois les chefs de ces étrangers disputer à leurs maîtres la couronne qu'ils étaient chargés de défendre.

A Bubaste, même spectacle : des mercenaires asiatiques y faisaient la loi aux princes. Un Syrien appelé *Sheshonq* réussit à fonder une dynastie dont l'autorité s'étendit sur la haute Egypte. Mais il ne sut pas créer en Asie la politique qui convenait à l'Egypte depuis son démembrement.

L'état de l'Asie s'était modifié depuis le temps des Thotmès et des Ramsès. Au lieu d'une foule de petites royautés rivales, s'étendait un immense empire dont toutes les forces, tournées vers la guerre, menaçaient l'Egypte : l'empire assyrien. Les conquérants ninivites n'avaient plus qu'à renverser les deux royaumes d'Israël et de Juda pour atteindre la vallée du Nil.

Trop affaiblie pour redevenir conquérante, l'Egypte pouvait au moins prolonger son indépendance en défendant les Juifs. C'est ce que ne comprit pas Sheshonq : il se donna le facile plaisir de piller Jérusalem et ne s'aperçut pas qu'il favorisait ainsi les projets de l'Assyrie.

II. — Morcellement de l'Égypte en principautés. Prééminence contestée de Saïs. Invasion éthiopienne. Rivalité des Éthiopiens et des Assyriens.

Si le règne de Sheshonq marque un temps d'arrêt

dans la décadence de l'Egypte, sous les successeurs du prince syrien, la dissolution du pays fait de nouveaux progrès. Sheshonq, pour prévenir des usurpations analogues à celles de Her-Hor, avait investi les princes de la famille royale de tous les gouvernements importants. Leurs descendants surent rendre ces commandements héréditaires* et l'Egypte, déjà démembrée, fut encore morcelée entre vingt princes rivaux les uns des autres et dont « quatre, au moins, s'attribuaient les insignes de la royauté [1]. »

Parmi les familles princières, celle de Saïs, composée d'hommes supérieurs, réussit à se rendre prépondérante.

L'auteur de sa grandeur fut *Tawnekht* qui faillit rétablir à son profit l'unité territoriale; mais les chefs encore insoumis du Delta et de la Thébaïde, pour éviter une défaite certaine, invoquèrent l'appui de l'Ethiopie.

Pianki, qui régnait alors à Napata, saisit avec empressement cette occasion de piller l'Egypte. Plusieurs victoires le conduisirent jusque dans le Delta. Mais il ne semble pas avoir songé à reconstituer l'ancien empire thébain; il se contenta d'organiser l'anarchie* en maintenant les petits rois locaux et reprit le chemin de Napata avec ses prisonniers et son butin.

Pianki n'était qu'un aventurier audacieux : son second successeur, *Shabak*, fut un grand roi.

Bokenranw ne réussit pas mieux que son père Tawnekht à arrêter les Ethiopiens. Shabak, maître de l'Egypte, ne se borna pas à en faire sa vassale*, il la réunit à son royaume, fonda la 25ᵉ dynastie et reconstitua l'Empire égyptien, au profit de l'Ethiopie.

La puissance de Shabak lui valut aussitôt l'hom-

1. Cf. Maspero, *Hist. ancienne*, p. 380.

mage des Philistins, des Juifs, des Phéniciens et la guerre avec l'Assyrie. Il était trop tard pour suivre en Asie la politique que Sheshonq n'avait pas su inaugurer : Samarie n'existait plus depuis 721. Shabak n'eut pas le temps de combiner ses efforts avec le roi de Gaza ; il fut vaincu à Ropeh par Sargon et alla mourir dans la haute Egypte où son fils Shabatok réussit à conserver quelque temps la ville de Thèbes et les nomes voisins.

Les vingt petits princes, sans le secours de l'Ethiopie, étaient impuissants à lutter contre l'Assyrie : le successeur de Sargon, Sin-akhe-irib, les battit à leur tour à Altakou.

Dès lors, l'Egypte est une proie que se disputent les Assyriens et les Ethiopiens. Les victoires du roi de Napata, Tahraqa, furent aussi ruineuses pour la vallée du Nil que celle d'Assour-akhè-idin en 672. Assour-ban-habal saccagea Thèbes de fond en comble et organisa militairement la suzeraineté * de l'Assyrie (666-656). Mais l'Egypte ne se résigna pas plus à son asservissement que l'Ethiopie à sa défaite.

III. — Restauration de l'Egypte par la 26ᵉ dynastie Saïte, vers 656 [1].

On ne sait comment se fit l'expulsion des Ethiopiens et des Assyriens. Elle eut lieu cependant, puisque, plus de 600 ans avant J.-C., l'Egypte avait reconquis sa liberté, sinon son unité, sous les vingt rois locaux dont

---

1. Psamétik faisait remonter son avènement officiel à la mort de Tahraqa, 666 ; mais il ne fut maître du pays tout entier, depuis Syène jusqu'à la Méditerranée, qu'en 656, au plus tôt : en 654 seulement, suivant la tradition grecque.

douze appartenaient à la Basse-Egypte. L'un d'eux, celui de Saïs, Psamétik triompha de tous ses rivaux à Momemphis, avec l'aide d'aventuriers grecs et fonda la 26e dynastie qui régna sur l'Egypte entière.

Psamétik Ier s'efforça d'en rétablir la prospérité pendant la paix (656-617). On ne cite sous son règne qu'un seul événement militaire important : la prise d'Azoth. S'il réunissait une grande armée, c'était pour défendre ses Etats et non pour les étendre. D'ailleurs les troupes libyennes et nationales, jalouses de la faveur que le roi accordait aux mercenaires grecs, désertèrent en masse vers l'Ethiopie et Psamétik apprit la chute de Ninive sans pouvoir en profiter (625 ?).

C'est du règne de Psamétik que datent les rapports désormais constants de l'Egypte et de la Grèce. « Le roi, dit Hérodote, donna aux Ioniens et aux Cariens des terres où ils s'établirent en face les uns des autres, séparés par le Nil. Ce territoire fut appelé le *Camp*. De plus, il leur confia les fils des Egyptiens pour qu'ils leur enseignasssent la langue grecque. Les interprètes égyptiens descendent de ceux à qui ils l'ont apprise. Les Ioniens et les Cariens habitèrent longtemps le même territoire, qui est situé vers la mer, un peu au-dessous de la ville de Bubaste, sur la bouche pélusienne du fleuve[1]. »

Sous l'influence grecque et grâce à la protection royale, l'industrie et le commerce reprirent en Egypte une admirable activité ; les arts fleurirent de nouveau et les monuments de la période Saïte ne le cèdent en rien, pour le fini de l'exécution, à ceux de la période thébaine.

Le fils de Psamétik, Neko II (617-601), continua

____
1. L. II., 154.

d'abord la sage politique de son père; il voulut restaurer le canal qu'un roi de la 19e dynastie, Séti 1er, avait fait creuser entre la mer Rouge et la Méditerranée. Par son ordre, des marins Phéniciens firent le tour de l'Afrique[1].

Malheureusement Neko crut trop vite que la chute de Ninive rendait l'Asie à l'Egypte. Il put bien triompher, à Maggedo, du roi de Juda, Joshiah, mais il fut vaincu à Karkemish, par le conquérant chaldéen Naboukoudour-oussour, avec lequel il fut heureux de pouvoir traiter (605).

IV. — L'Egypte asservie aux Perses. puis aux Grecs (527-332).

La 26e dynastie tomba renversée par des révolutions militaires.

Le fondateur de la 27e, Ahmès, ancien général de l'armée égyptienne, sut garantir l'Egypte de l'invasion perse et, comme Psamétik, protégea les Grecs. Il transporta à Memphis les descendants des Ioniens et des Cariens, pour se garder contre ses sujets égyptiens, et concéda à de nouveaux émigrants, près de la bouche canopique, une ville qui prit le nom de *Naucratis*. Les colons y établirent le gouvernement républicain. Naucratis, qui était le seul port ouvert aux étrangers, devint en quelques années l'entrepôt[*] du commerce égyptien.

Bientôt les Grecs affluèrent en si grand nombre dans le Delta qu'il fallut leur permettre de se construire des bourgs, des villes même : Ahmès leur laissa la liberté de culte et se les attacha par toutes sortes de faveurs;

1. Cf. *infra*. p. 153-152.

il voulait les opposer aux Perses s'ils attaquaient l'Egypte, mais cherchait à prévenir cette redoutable invasion en s'alliant aux Lacédémoniens et à Krœsos, roi de Lydie.

L'imprudente précipitation de Krœsos fit échouer cette habile politique. Ahmès mourut d'ailleurs ; et le nouveau roi Psamétik III fut impuissant à défendre l'Egypte contre Kambysès, fils de Kyros (527 ?) [1].

Dès lors l'Egypte cesse de s'appartenir. Sans doute elle réussira plus d'une fois à s'affranchir, mais pour retomber plus lourdement dans la servitude, et, malgré l'héroïsme d'un de ses derniers rois nationaux Nakht-Horreb [2], elle redeviendra province perse, jusqu'au jour où Alexandre de Macédoine en fera une province grecque (332).

Toutefois, même dans l'asservissement, l'Egypte gardera longtemps encore sa religion, sa langue et même une partie de son génie original, que respecteront d'ailleurs les Ptolémées *. Aujourd'hui encore, le type égyptien se retrouve chez les fellahs *.

1. 527 ou 525. Cf. *infra*, p. 168.
2. C'est le Nectanebès des Grecs et le fondateur de la 30e dynastie.

CHAPITRE VI

CIVILISATION

I. ÉCRITURE. — II. RELIGION : 1° SON PRINCIPE ÉLEVÉ : ELLE DÉGÉNÈRE EN PANTHÉISME. 2° LUTTE DU BIEN ET DU MAL SYMBOLISÉE PAR LA LUTTE DU SOLEIL CONTRE LA NUIT ; L'*Hymne au Soleil*. 3° CROYANCE A L'IMMORTALITÉ DE L'AME : LE MYTHE D'OSIRIS ; LE JUGEMENT DES AMES. 4° INCARNATION DE LA DIVINITÉ DANS DES CORPS D'ANIMAUX. 5° L'EMBAUMEMENT ; LES FUNÉRAILLES ; LES TOMBEAUX. — III. MORALE : LOIS ; CARACTÈRE DES ÉGYPTIENS. — IV. Le *Roi-Dieu*.

I. — Écriture.

« Un musée égyptien n'était au commencement de ce siècle qu'une collection d'objets antiques dont la signification, l'âge et souvent la véritable origine restaient également inconnus [1]. » Les renseignements fournis par les récits des historiens anciens et quelques passages de la Bible, étaient erronés ou incomplets.

S'il est possible aujourd'hui de mesurer la prodigieuse antiquité de la société égyptienne et d'en apprécier la civilisation, nous le devons à un Français, François Champollion [2] qui découvrit la meilleure

1. De Rougé. *Notice pour le musée du Louvre*, p. 1.
2. Champollion, né à Figeac (Lot) le 23 décembre 1790, mort à Paris, le 4 mars 1832.

méthode pour déchiffrer les inscriptions et les papyrus.

Champollion prouva que les trois écritures : *hiéro-glyphique*, celle des monuments; *hiératique*, celle des ouvrages scientifiques, littéraires ou religieux; *démotique*, celle des affaires courantes, n'étaient pas des écritures distinctes, mais des modifications d'un même type. La seconde devait être considérée comme une abréviation de la première; la troisième, comme une abréviation de la seconde. Puis Champollion fit de l'étude du *copte*, langue vivante dérivée de l'ancien égyptien, le point de départ de ses recherches et réussit à traduire entièrement l'inscription dite de Rosette* [1].

Champollion ne s'en tint pas là; il démontra que les signes de l'écriture égyptienne représentaient, les uns des sons, comme les lettres de notre alphabet, les autres des syllabes ou l'objet lui-même; et que d'autres enfin étaient purement conventionnels, mais d'une intelligence assez facile, pour peu qu'on se reportât aux mœurs et surtout aux idées religieuses du peuple.

Ces découvertes, fécondées par d'admirables travaux, nous ont révélé l'histoire, la religion, le gouvernement, l'industrie, la littérature des anciens Egyptiens; la connaissance de leur langue a fait d'immenses progrès depuis la mort de Champollion, les découvertes se sont multipliées sous la direction d'illustres chercheurs comme notre compatriote Auguste Mariette et dans quelques années, affirme un savant [2] contemporain.

1. La découverte en 1799, près de Rosette*, d'une inscription trilingue : hiéroglyphique, démotique et grecque, avait déjà fourni quelques renseignements à la science; mais personne n'était parvenu avant Champollion à fixer l'alphabet et la grammaire des Egyptiens.

2. M. Maspero, actuellement directeur des musées égyptiens.

les égyptologues déchiffreront les textes avec autant de certitude que les latinistes lisent les œuvres de Cicéron* et de Tite-Live*! »

ABRÉGÉ DE L'ALPHABET ÉGYPTIEN
N° 1.

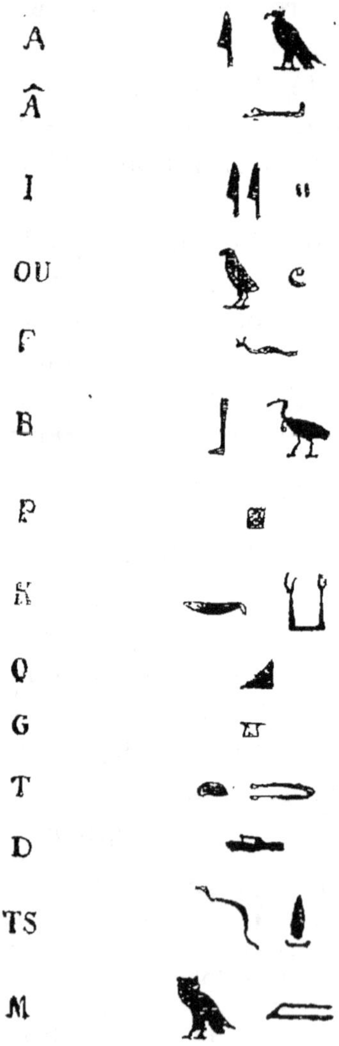

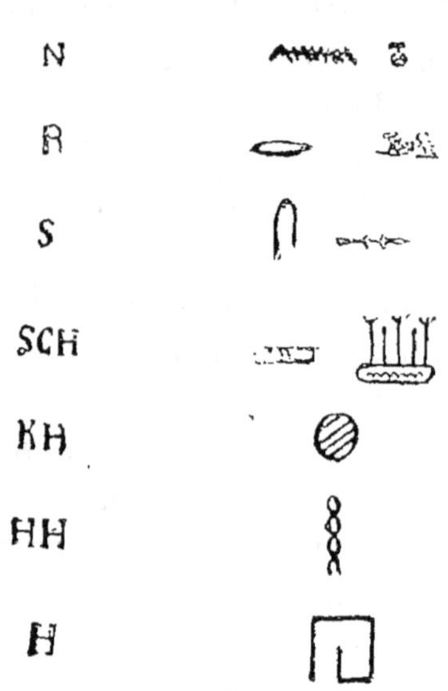

A		
Â		
I		
OU		
F		
B		
P		
K		
Q		
G		
T		
D		
TS		
M		
N		
R		
S		
SCH		
KH		
HH		
H		

Le plus souvent l'écriture représente le son, la prononciation, soit au moyen des caractères *alphabétiques*, soit au moyen de nombreux signes *syllabiques*. (Cf. 1.)

Souvent aussi, les signes sont *idéographiques*; certaines figures peignent alors à elles seules l'objet que pourrait exprimer un mot entier.

Ces signes idéographiques sont parfois de véritables *symboles*; beaucoup se comprennent aisément: deux bras armés, l'un d'un bouclier, l'autre d'un javelot, symbolisent clairement l'idée de combat; mais il faut être très au courant des croyances égyptiennes pour deviner qu'une plume d'autruche signifie justice, parce que, disait-on, toutes les plumes d'autruche sont égales; ou qu'un rameau de palmier représente l'année, parce qu'on supposait à cet arbre douze pousses par an (Cf. n° 2.)

N° 2.

⊙	Soleil.		Bœuf.
	Lune.		
	Homme.		Oie.
	Femme.		Chemin.
	Enfant.		Maison.
	Combat.		Justice.

CARACTÈRES SYMBOLIQUES.

On appelle *cartouche* cette espèce d'anneau elliptique qui, dans les inscriptions, entoure les noms propres des dieux ou des rois :

II. — Religion.

1° Son principe élevé : elle dégénère en panthéisme.*

« Les Égyptiens, dit Hérodote, sont excessivement religieux et plus que le reste des hommes. » Rien n'est plus vrai. On pourrait presque dire que la religion inspirait toutes leurs pensées et réglait tous leurs actes. L'écriture était remplie de symboles* sacrés ; les lettres et les sciences se rattachaient en partie à la théologie* ; l'architecture, la sculpture, au moins dans un temps, s'inspiraient presque uniquement de la religion ; « les prescriptions religieuses étaient si multipliées, si itératives*, qu'il n'était pas possible d'exercer une profession, de pourvoir même à sa nourriture et à ses premiers besoins, sans avoir constamment présentes à la mémoire les règles établies par les prêtres... » Il semble qu'avant l'établissement de la monarchie, les nomes n'aient été que des circonscriptions religieuses [1].

1. Fr. Lenormant, I, p. 521. *Histoire ancienne de l'Orient.* On

Il ne faut pas se hâter de condamner la religion égyptienne sur cette phrase trop spirituelle de Clément d'Alexandrie[*] : « Si vous entrez dans un temple, un prêtre s'avance d'un air grave, en chantant un hymne en langue égyptienne : il soulève un peu le voile, comme pour vous montrer le Dieu; que voyez-vous alors? un chat, un crocodile, un serpent ou quelque autre animal dangereux. Le dieu des Egyptiens paraît! C'est une bête sauvage, se vautrant sur un tapis de pourpre! »

Hérodote[*] affirme que les Egyptiens de Thèbes connaissaient un dieu unique et les textes sacrés confirment absolument l'assertion de l'historien grec.

Que nous apprennent-ils, en effet? que le Dieu par excellence est doué d'une science et d'une intelligence parfaite. Il existe depuis le commencement; *il a tout fait et n'a pas été fait; il se crée lui-même pour l'éternité.*

On peut s'étonner de cette multitude de divinités représentées sur les monuments, ou mentionnées dans les papyrus[*]; mais il faut se rappeler que les prêtres avaient donné au dieu unique des noms distincts selon ses actes : considéré comme l'Être souverainement bon, il recevait le nom d'*Osiris;* le Dieu de raison et d'intelligence portait celui de *Phtah;* voulait-on désigner Dieu éclairant le monde, on disait *Hor* ou *Râ;* Dieu créateur s'appelait *Ammon.*

Tel nome affectionnait telle manifestation de la divinité. Phtah fut d'abord le dieu de Memphis; Ammon régna à Thèbes.

En réalité, c'était toujours le même être qu'on adorait sous différents noms dans ses différents actes. Rien

peut apporter quelques réserves à cette opinion, vraie à tant d'égards. Cf. *infra,* p. 82.

ne le prouve mieux que l'habitude de réunir dans une même adoration les formes diverses de la divinité. En invoquant *Ammon-Râ*, *Phtah-Osiris*, *Osiris-Hapi* [1], les Égyptiens pensaient invoquer un seul et même dieu.

L'élévation primitive de cette religion s'altéra peu à peu et les gens du peuple, sinon les prêtres, confondirent un jour la divinité avec ses manifestations. le créateur avec la création. Mais il faut admirer la pensée élevée qui avait été la cause indirecte de cette erreur.

2° Lutte du bien et du mal symbolisée par la lutte du Soleil contre la nuit. L'HYMNE AU SOLEIL.

La suprême manifestation de la divinité était le soleil.

Voulant rendre sensible aux yeux mêmes la lutte du bien et du mal, les Égyptiens l'avaient assimilée à celle du jour contre la nuit, de Râ, contre Apap [2].

Les monuments nous donnent de nombreux détails sur ce combat allégorique[*] et la poésie sacrée a déployé toute sa puissance pour le peindre.

Le soleil se lève : Hor, vainqueur de la nuit, apparaît dans tout l'éclat de son triomphe; *les rayons vivants de ses yeux pénètrent, animent et fortifient tous les êtres. Sa barque, des millions d'années, glisse majestueusement sur les eaux d'en haut; elle est maintenue dans la bonne voie par les esprits célestes recrutés des âmes pures.*

Hor est debout, à l'avant de la barque, une longue lance à la main; il interroge l'horizon du regard. et se

1. D'Osiris-Hapi. Osorhapi. les Grecs ont fait Serapis.
2. Apap est représenté sous la forme d'un long serpent sinueux

tient prêt à percer l'ennemi. Plus il avance, plus sa face resplendit victorieusement ; alors l'*Hymne* au soleil retentit pleine d'enthousiasme :

« *Avance sur ta mère Nout, seigneur de l'Éternité !*
Lève-toi, Râ-Harmakhis[1] *! Ton lever luit comme un rayonnement ; tu as anéanti la valeur de l'impie ; lève-toi, Râ !*
Fort est Râ ; faible l'impie !
Haut est Râ ; foulé l'impie !
Vivant est Râ ; mort l'impie !
Grand est Râ ; petit l'impie !
Râ existe ; Apap est anéanti ! »
« *Oh ! lève-toi, Ammon-Râ-Harmakhis, qui te crées toi-même. Tous les chemins sont remplis de tes rayons... Salut à toi ! Louange à toi ! Parce que tu demeures parmi nous ! Prosternations devant toi, au plus haut des cieux, dans toute la largeur de la terre, au profond des mers !... Va en paix, père des pères ! Toi qui as suspendu le ciel, étendu la terre ! Créateur des êtres ; Roi souverain !... Vie, Santé, Force*[2] *!* »

3° *Croyance à l'immortalité de l'âme. Le mythe d'Osiris ; le jugement des âmes.*

Le dogme fondamental de la religion égyptienne, après la croyance au dieu unique est la croyance à l'immortalité de l'âme.

Un mythe, dérivé du précédent, la symbolisait : c'était l'admirable *mythe d'Osiris*, assimilé au soleil,

1. *Hor* : le soleil levant ; *Harmakhis* : des deux horizons ; *Nout* : espace céleste.
2. Hymne au soleil dans le Papyrus de Boulaq.

comme tous les dieux. Chaque soir Râ mourait ; il prenait alors le nom d'Osiris de sorte qu'on pouvait dire qu'Osiris était le *soleil défunt.*

Mais ni Râ, ni Osiris n'étaient morts réellement ; ou plutôt Râ mourait pour renaître : il devenait Osiris pour ressusciter sous le nom de Hor. Cette naissance et cette mort journalières du soleil symbolisaient l'immortalité de l'âme. Chaque homme, à l'imitation de Râ, devenait *un Osiris* après sa mort et la mort était pour lui le commencement d'une nouvelle vie qui pouvait être, on le verra, une vie divine. Les Égyptiens poussaient plus loin le rapprochement : pour eux l'homme, avant sa naissance sur la terre, avait déjà vécu ailleurs, comme le soleil.

On comprend par quel enchaînement d'idées Osiris était devenu le dieu des morts. Séparée du corps, l'âme comparaissait pour être jugée devant le Soleil défunt et les quarante-deux juges de l'*Enfer*[1]. Elle pouvait présenter sa défense elle-même. Son langage lui était dicté par le fameux *Livre des morts,* dont chaque défunt portait un exemplaire avec lui :

« *Hommage à toi, Dieu grand, Seigneur de vérité et de justice,* » devait dire l'âme à Osiris. « *Je t'ai apporté la vérité, j'ai détruit pour toi le mensonge ! Je n'ai commis aucune fraude contre les hommes ! Je n'ai pas fait exécuter à un chef de travailleurs, chaque jour, plus de travaux qu'il n'en devait exécuter... Je n'ai pas été négligent, je n'ai pas été oisif ! Je n'ai pas faibli, je n'ai pas défailli.* » Et après avoir énuméré tous ses titres à la bienveillance du dieu, elle terminait en disant : « *Je suis pure, je suis pure, je suis pure !* »

1. Enfer veut dire ici : région inférieure et ténébreuse.

Osiris alors jugeait. Condamnée, l'âme maudite,
flottant entre le ciel et la terre, cherchait un corps
humain pour s'y loger; dès qu'elle l'avait trouvé, elle
le torturait et le poussait au meurtre ou à la folie.
Puis elle souffrait une deuxième mort et s'anéantissait
pour jamais. Absoute, l'âme achevait de se purifier par
différentes épreuves; elle accomplissait, à l'exemple
d'Osiris, après la mort de Râ, une sorte de pèlerinage
à travers les espaces célestes, puis revenait animer son
ancien corps et prenait enfin place avec lui dans la
barque *des millions d'années* [1].

On comprend l'importance d'Osiris dans la religion

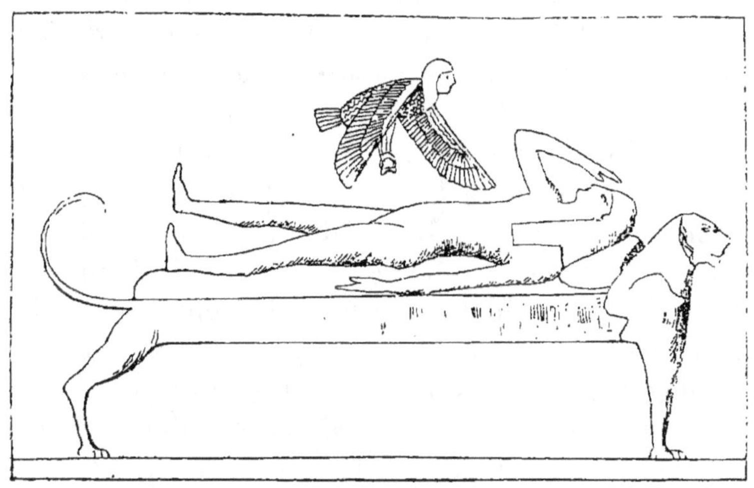

L'AME DU DÉFUNT REVENANT ANIMER LA MOMIE

égyptienne. Dieu essentiellement bon, il consentait à
mourir, pour montrer aux hommes le chemin du ciel.

4° Incarnation de la Divinité dans des corps d'animaux.

La tradition religieuse racontait qu'à l'origine des
temps, Râ, Hor, Osiris et les autres grandes divinités

1. Cf. Maspero, *Hist. anc.*, 38-46.

avaient régné dans les nomes, sous une forme humaine, pour apprendre aux Egyptiens la pratique de la vertu. Plus tard, Dieu se dissimula dans un corps de bête, et surveilla, invisible, la conduite des hommes.

Tel dieu habitait le corps d'un crocodile; tel autre celui d'un chat, d'un chien ou d'un hippopotame. Hor est représenté, « tantôt comme un homme, tantôt comme un épervier. » Souvent même on surmontait d'une tête d'animal un corps humain : Ammon porte ordinairement une tête de bélier.

Osiris animait le fameux taureau Hapi; Osiris-Hapi était donc comme le dieu incarné des Egyptiens; la déesse à tête de vache, représentée près de lui sur les monuments, est la mère de Hapi par la *volonté divine* et sa maternité miraculeuse l'avait fait associer au culte du taureau sacré[1]. On reconnaissait l'animal divin à certains signes particuliers[2]; sa découverte était le signal de grandes fêtes et à sa mort, tous les Egyptiens prenaient le deuil. Les Hapis défunts étaient placés dans une partie spéciale de la nécropole de Memphis, que les grecs appelaient *Serapeion*, du nom de Serapis donné à Osiris ressuscité[3].

On conçoit avec de telles coutumes le respect religieux des Egyptiens pour les animaux. Si l'on songe que le nombre des dieux était immense, on ne peut être surpris, en réunissant ceux des différents nomes, que presque tous les animaux fussent sacrés. Le poulet n'existait pas dans l'ancienne Egypte; mais s'il avait existé, il est fort probable qu'un dieu serait venu l'habi-

---

1. Cf. Mémoire de Mariette sur la mère d'Apis.

2. « Il devait être noir, avec un triangle blanc sur le front, une marque pareille sur le dos, et une espèce de bourrelet de chair en forme de scarabée sous la langue.

3. Cf. *supra*, p. 52, note.

ter et c'eût été un sacrilège de le manger, au moins, dans certaines villes.

Un historien grec qui voyageait en Egypte, cinquante ans avant Jésus-Christ, Diodore de Sicile, nous raconte qu'un Romain tua par mégarde un chat. Le peuple exaspéré massacra aussitôt le meurtrier involontaire, bien que les Romains fussent alors les maîtres de l'Egypte, et que le roi de ce pays pût payer de sa couronne la violence de ses sujets[1].

« Quand un incendie éclate, dit Hérodote, les chats sont souvent victimes de leur peur. En effet, tandis que les Egyptiens, rangés par intervalles, sont beaucoup moins préoccupés d'éteindre le feu que de sauver les chats, ces animaux se glissent par les espaces libres, sautent par-dessus les hommes et se jettent dans les flammes. En de tels accidents, une douleur profonde s'empare des Egyptiens.

« Lorsque dans une maison un chat meurt de sa belle mort, les habitants se rasent seulement les sourcils; si c'est un chien qui meurt, ils se rasent la tête[2]. »

5° *L'embaumement. Les funérailles. Les tombeaux.*

Dans la croyance que l'âme purifiée reprenait un jour possession du corps, les Egyptiens embaumaient le cadavre.

L'embaumement parfait durait 70 jours; car il avait fallu ce temps au dieu Hor pour embaumer son père Osiris. Hérodote nous a laissé de curieux détails sur les différents procédés employés par les Egyptiens. Le

1. La vie d'un citoyen romain était sacrée pour les peuples étrangers.

2. Hérodote, liv. II, LXVI.

corps, réduit par certaines opérations préliminaires au squelette et à la chair, était rempli d'ingrédients propres à le conserver. Après avoir séjourné 70 jours dans le sel, il était lavé, puis enveloppé de bandelettes enduites de gomme. La *momie* était alors placée dans un étui en bois de forme humaine que l'on couvrait de peintures symboliques*. Nous y voyons toujours un épervier à tête humaine, parce que l'épervier représentait à la fois l'âme et le soleil : comme le soleil, l'âme devait renaître après avoir quitté la terre [1].

La momie restait quelque temps exposée dans la maison du défunt, avant d'être transportée à la nécro-

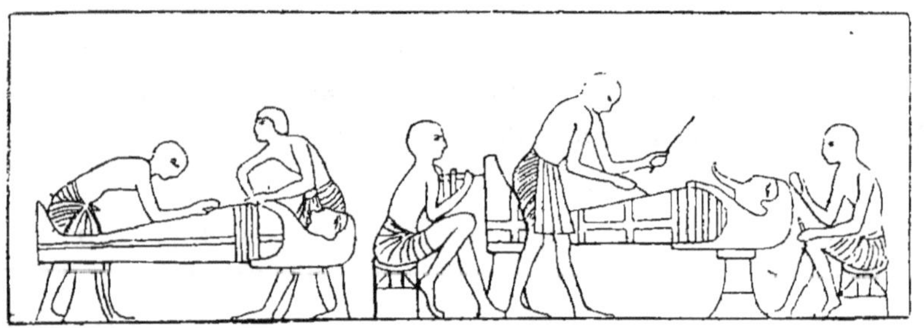

FABRICATION DE LA MOMIE

pole. C'était le moment de lui offrir des présents pour l'autre vie. Puis les funérailles avaient lieu : les peintures des hypogées* de Thèbes nous y font assister. Les serviteurs défilent, portant la table d'offrandes, chargée de fruits et de pains, des meubles : un pliant, une chaise, un lit de repos, une table ; des objets de luxe : un éventail, des coffrets, un énorme collier auquel est suspendu un scarabée, symbole d'immortalité ; des vases, des armes, une caisse, sur laquelle figure un œil, autre symbole fréquemment représenté : c'est l'œil perdu par Osiris dans sa lutte contre le dieu du

1. Cf. *supra*, p. 54.

mal; l'âme aura à souffrir, comme Osiris, pour conquérir l'immortalité [1].

Des chants funèbres récités par des *pleureuses* de profession accompagnaient la momie jusqu'au tombeau.

Le trajet se faisait par terre ou par eau.

Les tombes monumentales se composent en général de trois parties : une chapelle, un puits et un caveau. Les murs de la chapelle étaient ornés de peintures décrivant la vie du défunt dans ses plus petits détails. On le voit travailler, chasser, pêcher, faire la guerre. C'était dans cette chapelle que les parents et les amis venaient visiter le mort. Ils lui adressaient leurs prières, en se tournant vers une ouverture ménagée dans la muraille et communiquant avec le puits, lequel correspondait lui-même avec le caveau où la momie, dressée debout contre le mur sépulcral, était supposée les entendre [2].

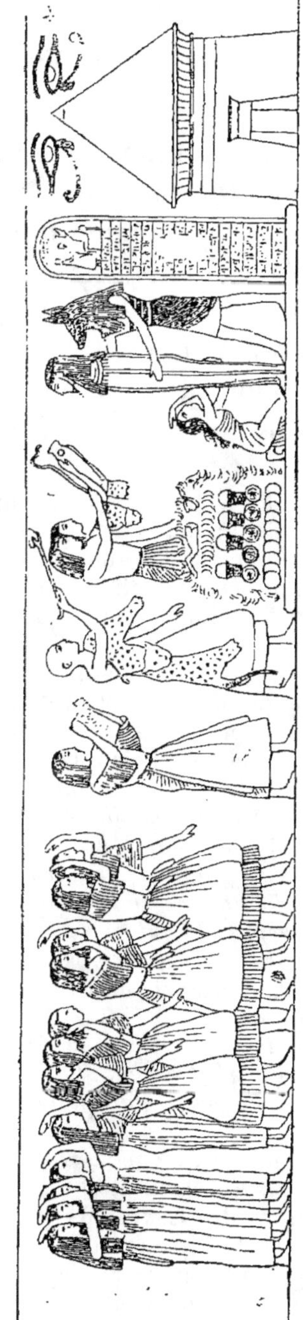

CÉRÉMONIE DU CULTE FUNÉRAIRE

1. Ce sont là les funérailles d'un scribe royal de la 18e dynastie. Les pauvres enfouissaient simplement le corps dans le sable après l'avoir grossièrement embaumé.

2. Un peuple aussi préoccupé

III. — Morale; lois, caractère des Egyptiens.

Tous ces usages sont touchants, et dérivent de réflexions élevées. La morale des Egyptiens n'est pas moins remarquable que le principe de leur religion. Le *Livre des morts* prescrit la sincérité, la justice, la bonté, la charité, le respect de la famille et le respect de soi-même.

Les lois faisaient en général respecter ces admirables préceptes. « Le parjure était puni de mort, dit Dio-

des choses religieuses, devait être fort superstitieux *.

« La sorcellerie, faisait en Egypte partie de la vie courante, aussi bien que la guerre, le commerce, la littérature, les métiers; qu'on exerçait, les divertissements qu'on prenait. » Tout homme, volontairement ou non, était fatalement soumis aux formules de la magie. Il y avait des jours fastes ou néfastes, selon qu'ils rappelaient des événements heureux ou malheureux, à l'époque des dynasties divines. Par exemple : au 4 du mois Tybi étaient joints les trois mots : « *Bon, bon, bon* au nombre de trois parce que le jour était divisé en trois sections de quatre heures chacune). « *Qui naît ce jour-là, disait le calendrier, meurt le plus âgé de tous les gens de sa maison.* »

Le 11 du même mois était, au contraire, un jour maudit : « *mauvais, mauvais, mauvais* », disait le calendrier, « *n'approche pas de la flamme en ce jour: Râ v. s. f. l'a dirigée pour anéantir ses ennemis, et quiconque en approche en ce jour, il ne se porte plus bien tout le temps de sa vie* ». Celui qui naissait dans le mois Paophi avait huit chances sur trente de connaître le genre de sa mort, par le jour de sa naissance.

Le 9 *Paophi. Allégresse des dieux, car l'ennemi de Râ est à bas. Quiconque naît ce jour-là mourra de vieillesse.*

Le 23 *Paophi : Quiconque naît ce jour-là meurt par le crocodile, etc.*

(Calendrier du pap. Sallier. Cf. Maspero, *Contes populaires égyptiens,* p. XLVIII et seq.

L'année des Egyptiens était de 365 jours; ils avaient imaginé une période astronomique pour ramener de distance en distance l'accord entre cette année dite *vague* et l'année réelle et *fixe* de 365 jours et un quart.

dore de Sicile ; parmi les lois qui concernaient les soldats, il y en avait une qui infligeait non pas la mort,
mais l'infamie à celui qui avait déserté les rangs ; ainsi
le législateur faisait du déshonneur une peine plus terrible que la mort. »

Les biens du débiteur étaient engagés pour ses
dettes, mais non sa personne. Insolvable, il était privé
des honneurs de la sépulture de famille.

Les Egyptiens étaient sains de corps et assuraient
encore leur bonne santé par la sobriété de leur vie et
la simplicité de leurs mœurs. Ils étaient naturellement
doux et enjoués ; les cruels travaux que les rois impo-
sèrent si souvent à leurs sujets et aux peuples vaincus
doivent être reprochés à la coutume du temps plutôt
qu'aux Egyptiens.

IV. — Le Roi-Dieu.

Le gouvernement de l'Egypte était la monarchie,
une des plus absolues, sinon la plus abolue qui ait
jamais existé.

Le roi était dieu : c'était l'image de Rà parmi les
vivants ; son surnom de Pharaon rappelle par le radi-
cal le nom de Phtah. Chaque début de règne était assimilé au lever du soleil et l'épervier, l'oiseau de Hor,
apparaît sur la bannière royale.

Partout, sur les monuments, le roi figure avec les
attributs divins : *la croix ansée*, symbole de vie divine,
qu'il tient souvent à la main ; *le disque solaire*, sur la
tête, avec les deux grandes plumes qui caractérisent
Ammon et la *natte* qui simule autour de l'oreille la
corne de bélier. Parfois, les cornes du bélier divin

sont représentées réellement. Pendant la bataille, l'épervier solaire plane au-dessus du pharaon.

L'emblème royal est le *sphinx*, au corps de lion, surmonté d'une tête humaine, parce que le sphinx était le symbole divin de la force unie à l'intelligence.

La coiffure royale était celle des dieux : *conique*, elle désignait la souveraineté de la haute Egypte ; *évasée*, celle de la basse Egypte. Enfin le *pschent*, ou longue mitre, composée des deux précédentes coiffures, indiquait la domination sur les deux Egyptes.

PHARAON EN PALANQUIN.
(Emblèmes royaux.)

Ces différentes couronnes ne se portaient que dans les grandes cérémonies ; dans la bataille, les rois étaient coiffés du casque et beaucoup de peintures religieuses nous les montrent, la tête couverte d'une bande de toile rayée descendant, de chaque côté, sur le devant de la poitrine et terminée en arrière par une sorte de queue, attachée avec un ruban. C'est la coiffure du sphinx.

Sur le front du roi les monuments nous représentent presque toujours un petit serpent, dont la gorge, démesurément grosse, se dresse en avant : c'est l'aspic ; c'est le serpent sacré, désigné ordinairement sous le nom d'*uræus*. Une phrase de Plutarque[*] nous fait savoir pourquoi l'aspic était considéré comme un insigne divin : « L'aspic ne vieillit pas, et, quoique privé des or-

ganes du mouvement, il se meut avec une grande facilité. » Les Egyptiens voyaient dans ce serpent un emblème de l'éternelle jeunesse du soleil et de sa marche
dans les cieux. Les pharaons, fils du Soleil, devaient
naturellement en porter les insignes [1].

La divinité du monarque, commencée pendant la
vie, continuait après la mort. On voit constamment, sur
les monuments, le roi offrir des sacrifices à ses prédécesseurs; on le voit même sacrifier à sa propre image.

On conçoit le prestige inouï du pouvoir royal en
Egypte: c'était un pouvoir divin, qui s'exerçait sur
tous sans contrôle, car on ne pouvait songer à contrô-
ler la divinité. Ses moindres faveurs avaient un prix
inappréciable. Garder ses sandales dans le palais du
pharaon, toucher les genoux du dieu, c'étaient là des
honneurs extrêmement rares qui faisaient époque dans
la vie d'un homme et qu'on mentionnait sur son tombeau.

Cependant cette puissance royale avait une sorte
de limite dans l'adoration même des Egyptiens, qui,
naturellement bons, comblaient, par respect, leurs
rois-dieux de toutes les qualités, même de celles qu'ils
n'avaient pas; ils les obligeaient souvent à se montrer
bienfaisants pour faire croire à leur vertu. Chaque matin, le grand-prêtre parlait au pharaon de sa piété, de
sa douceur envers les hommes; il le proclamait tem-
pérant, magnanime, ennemi du mensonge.

Nulle part, plus qu'en Egypte, n'a prévalu cette erreur « que le roi ne peut mal faire. »

1. Cf. René Mesnard. *La vie privée des anciens*, p. 26-60.

CHAPITRE VII

CIVILISATION (*Suite.*)

I. Divisions administratives de l'Égypte ; villes remarquables ; leurs fêtes ; principaux monuments de l'Égypte et de l'Éthiopie. — II. L'art en Égypte. — III. Répartition de la population en classes et non en castes ; l'armée. — IV. L'agriculture : régions naturelles ; le labourage ; les semailles ; la moisson ; différentes cultures. — V. Industrie. — VI. Commerce ; routes. — VII. Littérature : Poésie ; histoire ; sciences ; *Contes populaires* : leur caractère et leurs sujets : le *Naufragé*, conte. Résumé.

I. — Divisions administratives de l'Egypte : villes remarquables : leurs fêtes : principaux monuments de l'Egypte et de l'Ethiopie.

Une administration hiérarchique* très compliquée, composée en majorité de fonctionnaires appelés scribes*, expédiait toutes les affaires, sur lesquelles le roi était renseigné chaque matin.

L'Egypte ancienne se divisait en deux régions ; en trois, si l'on faisait du territoire de Memphis une région à part. Chacune d'elles était partagée en *nomes* ou gouvernements, dont le nombre varia selon les époques. En général, les fonctions de gouverneurs étaient héré-

ditaires, ce qui les rendait très importantes et constituait en Egypte une sorte de féodalité*, souvent
dangereuse pour les rois[1].

Les villes les plus remarquables furent : dans la
Basse Egypte : Tanis, Bubastis, Busiris, Saïs, Ramsès,
Naucratis et Memphis ; dans la Haute-Egypte : Thèbes,
Eléphantine, Philæ.

A *Tanis*, Mariette a découvert les ruines d'un grand
temple dédié à Soutekh et dont Ramsès II, Menephtah, Seti II, furent les constructeurs.

Bubastis honorait particulièrement la déesse *Pacht*,
représentée tantôt avec une tête de lionne, tantôt
avec une tête de chatte, selon qu'elle personnifiait
l'ardeur dévorante du soleil, ou la chaleur tempérée,
bienfaisante pour les moissons.

La fête de *Busiris* était celle d'Isis pleurant la mort
d'Osiris, son époux. Saïs, la somptueuse capitale de la
26e dynastie, adorait sous le nom de *Neith* la mère
du Soleil, dont la fête, dite *des lampes*, était célèbre ;
on les allumait la nuit, pour symboliser le triomphe
de la lumière sur l'obscurité.

Ramsès II avait fait construire par les Hébreux la
ville de *Ramsès*, dont « *la durée était pour l'éternité* » ;
mais il n'en reste rien aujourd'hui que des fragments
de granit* et des débris de poteries.

Naucratis servit, dans un temps, de principal entrepôt au commerce égyptien.

Memphis[2], située à la pointe méridionale du Delta
était une immense et magnifique cité.

La véritable cause de sa décadence fut la puissance
croissante de Thèbes. Plus tard, la fondation d'Alexan-

---

1. Cf., *supra*, p. 14.
2. Cf., *supra*, p. 13.

drie acheva de lui enlever son importance et les empereurs chrétiens de Constantinople ordonnèrent la destruction de ses temples. Il n'y a pas longtemps que l'on cherchait encore l'emplacement de Memphis. Les fouilles de Mariette, après l'avoir fixé, ont amené la découverte d'une foule de ruines et, parmi elles, celles du *Serapeion*[1].

Près de la ville se trouvent les *pyramides*[2], qui faisaient partie d'une gigantesque nécropole.

Au-dessus de Memphis, apparaissent les fameuses *hypogées* de Beni-hassan*, trésor inépuisable de renseignements sur les mœurs, les arts, les métiers de l'ancienne Égypte.

Thèbes s'élevait à l'endroit où le Nil accomplit vers l'est un vaste détour. C'était la ville aux cent portes, remplie de temples et de palais, enrichie des dépouilles de l'Orient.

Ses ruines très imposantes sont occupées par les quatre villages de *Louqsor* et de *Karnaq*, sur la rive droite du Nil, de *Medinet-Abou* et de *Kourna* sur la rive gauche. Elles offrent une agglomération de temples, de palais, d'obélisques et de pylônes*.

Les ruines de Karnaq sont les plus considérables de l'Égypte. Là se dresse le prodigieux temple d'Ammon, dont la grande salle hypostyle* a 5000 mètres carrés de superficie ; les grosses colonnes ont dix mètres de circonférence ; chaque chapiteau* égale une surface de 83 mètres carrés. Les murs extérieurs de la salle sont décorés de bas-reliefs représentant les campagnes des Pharaons ; c'est là qu'est gravé le fameux poème de Pentaour.*

1. Cf., *supra*, p. 56.
2. Cf., *supra*, p. 14, 15, 16.
3. Cf., *supra*, p. 29, 30, 31.

Un peu au-dessus de Kourna sont les *tombes royales*; et dans le voisinage, les énormes statues d'*Amenhotep III*, que les Grecs appelaient Memnon.

A *Eléphantine*, on voit encore le nilomètre dont parle Strabon*.

Quand à l'île de *Philæ*, jadis consacrée à Isis, elle renferme des ruines nombreuses, mais dont l'antiquité ne remonte qu'aux derniers temps de l'histoire d'Egypte.

En Ethiopie, on a retrouvé, sur l'emplacement de Meroë, 83 pyramides. Les deux temples d'*Ipsamboul*, construits par Ramsès II, rivalisent avec les beaux monuments de Thèbes par la majesté des proportions et le fini des bas-reliefs et des peintures.

II. — L'art en Egypte.

Les Egyptiens embaumaient les morts pour perpétuer la matière jusqu'au retour de l'âme. C'est par une préoccupation analogue qu'ils cherchaient dans l'architecture les moyens d'assurer à leurs constructions une durée presque illimitée.

Leurs monuments ont une base énorme; depuis la 6e dynastie l'inclinaison des murailles en forme de talus* augmente encore la solidité de la masse. Les terrasses qui terminent presque tous les édifices sont formées de blocs gigantesques soutenus par des colonnes.

Ces colonnes tiennent une grande place dans l'architecture égyptienne; c'est d'abord le pilier carré; puis la colonne prismatique; puis la colonne proprement dite avec une base, un fût* et un chapiteau. Le chapiteau* représente ordinairement la fleur ou la feuille de papyrus* ou de lotus; souvent les deux plantes sont entrelacées. Quant à la décoration, elle est en général emblématique*: mais « le point de départ d'un ornement reste toujours l'imitation de la nature et principalement de la flore*. »

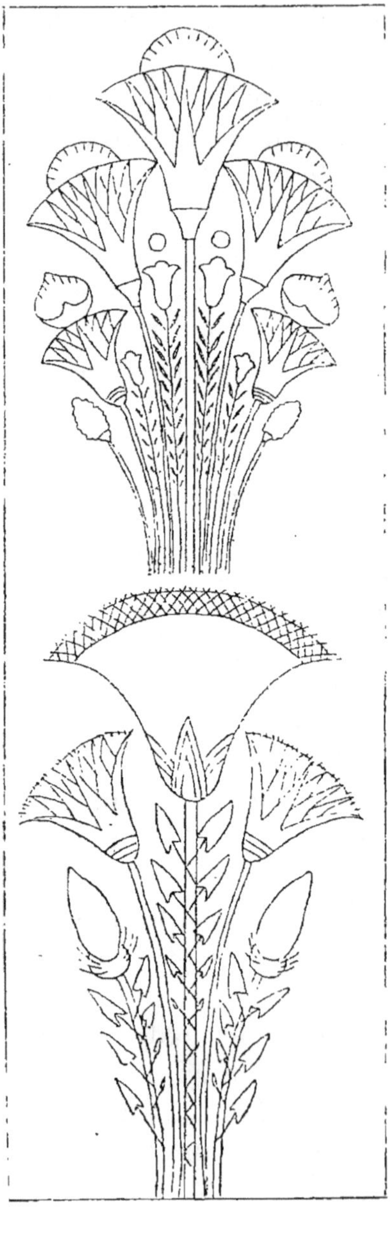

La statuaire passe par deux périodes distinctes. A l'origine, l'artiste imita scrupuleusement la nature. Rien de plus vivant que la statue de Khàwrà[1]. Mais à partir du jour où les prêtres devinrent tout-puissants, sous l'empire Thébain, cette imitation prit un caractère conventionnel, uniformément religieux. Ce nouveau caractère est porté à sa perfection de la 11e à la 19e dynastie: puis la décadence commence, pour persister jusqu'à l'époque des princes Saïtes, qui savent restaurer les arts avec la prospérité du pays.

Pour comprendre la sculpture des Egyptiens pendant la seconde pé-

ORNEMENTS D'ARCHITECTURE (papyrus et fleurs de lotus)

1. Cf., *supra*, p. 15.

riode, il faut se rappeler qu'elle fut souvent une forme de l'écriture. Essentiellement symbolique*, elle ne se propose pas la représentation exacte d'un modèle réel, mais celle d'un modèle idéal, toujours le même, imposé par les rites religieux. L'artiste sacrifie volontairement le détail à l'ensemble, ce qui pour lui n'exclue pas le modelé* ; il le réserve à certaines parties de l'œuvre, celles que lui détermine une formule* sacrée. Cette formule inflexible règle l'attitude des statues, comme elle règle les pas des danseurs et l'accentuation rythmée* des chanteurs. Tout est symétrique* dans leurs gestes, doublés fréquemment par les bras et les jambes, pour témoigner clairement qu'ils ne sont pas naturels. Ils demeurent rigoureusement solennels, quelle que soit la souplesse de l'exécution, et une marche triomphale ressemble toujours à une procession funèbre.

III. — Répartition de la population en classes et non en castes. L'armée.

Le peuple en Egypte était divisé en classes diverses, suivant les professions. Il n'y avait pas de *castes :* car le membre d'une caste ne peut en sortir, et les inscriptions*, les papyrus* nous apprennent que le même personnage pouvait exercer des fonctions diverses.

Il y avait des *classes privilégiées*, celles des prêtres et des guerriers ; les premiers ne payaient pas les impôts ; les seconds n'en payaient qu'une partie ; en revanche, comme les prêtres, ils en percevaient de considérables.

La classe des guerriers composa longtemps à elle seule une armée de 200 à 250,000 hommes. Plus tard, on l'a vu [1], les mercenaires libyens et asiatiques finirent par remplacer les indigènes décimés* par la guerre ou las de la faire. Dès lors la puissance militaire de l'Egypte n'exista plus.

IV. — L'Agriculture : Régions naturelles ; le labourage les semailles ; la moisson. Différentes cultures.

La nature même de l'Egypte, sa fertilité exceptionnelle firent des Egyptiens un peuple d'agriculteurs.

Chaque nome se divisait en quatre parties : « 1° la ville capitale, siège de l'administration civile et militaire, et centre de la religion provinciale ; 2° les terres de production, cultivées en céréales* et fécondées chaque année par l'inondation; 3° les terres marécageuses, sur lesquelles les débordements du Nil laissaient des étangs trop profonds pour être desséchés facilement; on les mettait en pâturages quand on pouvait; on y cultivait le lotus et le papyrus; on y faisait en grand l'élève

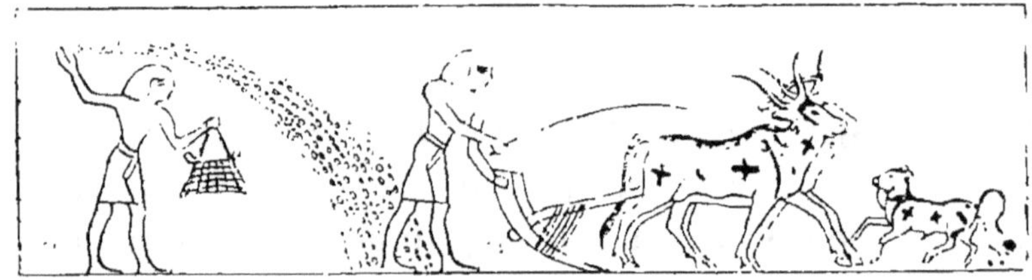

ENSEMENCEMENT ET LABOURAGE. LES ANIMAUX SONT MARQUES.

des oiseaux d'eau ; 4° enfin, les canaux, dérivés du Nil pour les besoins de l'agriculture et de la navigation [2]. »

Tous les travaux des champs se réglaient sur le débordement du fleuve, qui partageait l'année égyp-

1. Cf., supra, p. 39, 40.
2. Maspero, *Histoire ancienne*, p. 19.

tienne en trois saisons: quatre mois de semailles et de croissance qui correspondent approximativement à nos mois de novembre, décembre, janvier et février; quatre mois de récolte, de mars à juin inclusivement; enfin les quatre mois de l'inondation.

Les monuments nous fournissent des renseignements très nombreux sur la manière dont les Egyptiens pratiquaient le *labourage*. Ils avaient des charrues qui ne différaient guère des nôtres. A l'origine, on y attelait des hommes, ensuite des bœufs, jamais des chevaux. Le cheval, le chameau, la brebis ne sont pas figurés sur les monuments primitifs. Mais « l'Egypte possédait plusieurs races de bœufs à longues cornes, plusieurs espèces de chèvres et de chiens ».

Les *semailles* ne différaient pas des nôtres. Le

MOISSONNEURS. — RAFRAICHISSEMENTS.

semeur puisait les graines de la main droite dans un sac qu'il tenait de la main gauche, puis les lançait à la volée; quand le travail était terminé, on lâchait des troupeaux de moutons sur le terrain ensemencé pour le piétiner. Les *moissonneurs* égyptiens, comme les nôtres, employaient une faucille à manche court; de distance en distance, ils trouvaient des rafraîchissements préparés à leur intention sur des espèces de trépieds.

La moisson était surveillée par un scribe qui inscrivait soigneusement les mesures de blé. Quelquefois les peintures nous montrent deux scribes, l'un qui note pour le compte du propriétaire, l'autre pour le compte de l'Etat et la perception des impôts [1].

La récolte était emmagasinée dans des *greniers d'abondance* dont la surveillance était très exacte, car la solde des troupes se faisait en nature.

Après la culture des céréales*, celle du *papyrus** et du *lin** était la plus importante. Le papyrus ne ser-

PRESSOIR. (Hypogées de Beni-Hassan.)

vait pas seulement à l'écriture : on en faisait des barques légères et une foule d'objets de fantaisie. Le lin servait à la confection des tissus.

1. Cf. R. Mesnard. *La vie privée des anciens*, III, p. 54.

Dans la Basse-Égypte, on cultivait les *légumes* et les Hébreux se rappelaient tristement au désert les remarquables oignons du Delta, avec lesquels, paraît-il, rivalisaient les melons d'eau. Dans la Moyenne et la Haute-Égypte, la culture de la *vigne* prospérait. Les procédés pour la fabrication du vin étaient souvent fort ingénieux et les peintures des hypogées* nous montrent différentes sortes de *pressoirs* *.

Jamais peuple ne sut administrer avec plus d'intelligence ses richesses agricoles : nos *fermes modèles** ne sont en rien supérieures aux fermes égyptiennes; le gaspillage n'était pas possible sous la surveillance d'une armée de scribes occupés d'un bout à l'autre du pays à enregistrer les moindres récoltes.

V. — Industrie.

L'industrie égyptienne a inspiré tous les peuples anciens, et les peuples modernes l'ont souvent imitée sans le savoir.

Dès la plus haute antiquité, les Egyptiens ont connu la *boulangerie;* plus tard, ils imaginèrent la *pâtisserie ;* certaines peintures nous figurent des pains au raisin, des espèces de tartes aux fruits.

Pour varier leur cuisine, ils mangeaient la viande tantôt bouillie, tantôt rôtie, et utilisaient le sang pour perfectionner la sauce. D'ailleurs, la *chasse* et la *pêche*, très pratiquées, introduisaient sur la table une grande diversité de mets et le dessert, dans un pays si fertile, était facile à trouver.

La batterie de cuisine d'un Egyptien aisé ne laisserait presque rien à désirer, même aujourd'hui. On y voyait

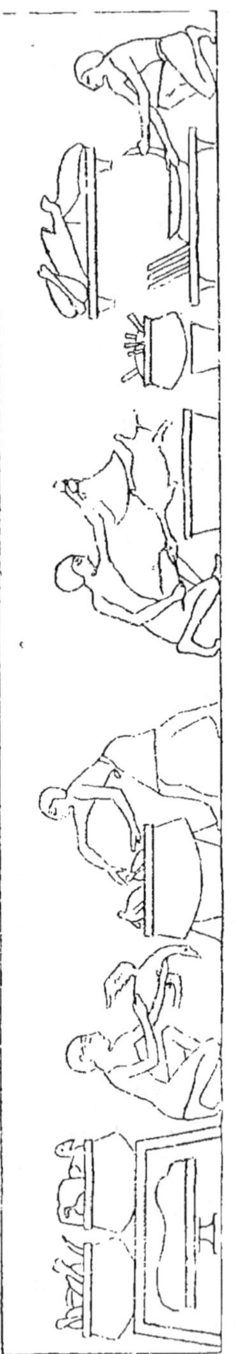

CUISINE D'UN ÉGYPTIEN AISÉ

des *marmites*, des *casseroles*, de toutes les grandeurs et de toutes les formes, pour la volaille, pour le poisson, pour les pâtés, des *tourtières*, des *plats à œufs*, des *écumoires*, des *passoires*, des *bouillotes*, des *siphons*. Il y a cependant dans cet arsenal culinaire une invraisemblable lacune ; les Égyptiens connaissaient la *cuiller*, mais ils semblent avoir ignoré la fourchette ; il est cependant difficile d'admettre qu'ils mangeaient la viande avec leurs doigts.

L'industrie des tissus n'était pas moins remarquable que l'industrie alimentaire. Les peintures des hypogées* nous représentent fréquemment des *quenouilles*, des *métiers à tisser*. Pour suffire aux besoins du pays et à l'exportation*, les manufactures fabriquaient en quantité considérable des étoffes de lin* et de laine ; le musée du Louvre possède des échantillons d'étoffes *de laine teintes* en rouge et en jaune ; c'était avec le lin que l'on fabriquait les *belles toiles* de momies ; nos collections renferment de merveilleuses *broderies*.

La *céramique** fut toujours extrêmement florissante en Égypte.

Les fouilles opérées dans les tombeaux ont fourni d'innombrables spécimens* de vases, de coupes, et les peintures nous en décrivent minutieusement la fabrication.

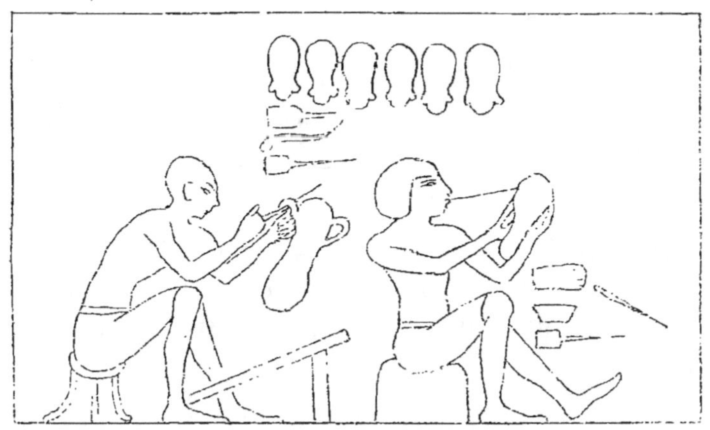

CORDONNIERS. (Peintures de Thèbes, p. 77.)

La forme est souvent d'une exquise élégance encore relevée par des *incrustations** *d'émail** et des dessins compliqués aux couleurs différentes; ou par des devises

MÉTIER A TISSER. (Beni-Hassan.)

en relief, blanches ou jaunes, sur un fond uni et sombre.

Les Égyptiens étaient célèbres par leurs *verreries*. Ils inventèrent, pour les colorer, des procédés fort ingénieux que révèlent les peintures de Thèbes et de Beni-Hassan ; l'usage du *chalumeau** fut pratiqué trois mille ans au moins avant notre ère, dans la vallée du Nil.

VERRIERS TRAVAILLANT AVEC LE CHALUMEAU.

L'*orfèvrerie** des Égyptiens n'a pas été dépassée ; elle n'a même pas toujours été égalée. Ils employaient surtout l'or, soit isolément, soit uni aux pierres précieuses.

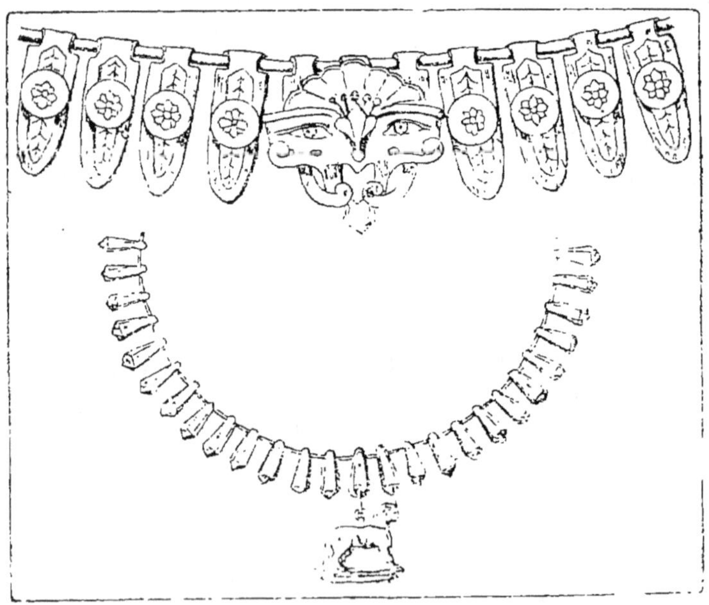

BIJOUX.

Ils savaient combiner les différents métaux pour la fabrication des vases sacrés, des armes et plus tard des médailles. S'ils n'ont pas inventé le *bronze**, au moins en ont-ils de très bonne heure connu la composition.

Mais *l'industrie des bâtiments* ne fut pas aussi avancée que pourraient le faire supposer les prodigieux monuments de l'époque pharaonique. Les Egyptiens n'imaginèrent pas pour les élever d'ingénieuses

MAISON ÉGYPTIENNE.

machines ; ils se servirent de leurs bras, et surtout de ceux des vaincus. Au centre des habitations se trouvait une cour, à ciel ouvert, ombragée d'arbres qui dépassaient, souvent la hauteur de la maison et lui faisaient comme un panache de verdure.

Nous savons enfin que les petites industries étaient en Egypte aussi florissantes que chez nous : la *corroierie**, la *cordonnerie*, la *vannerie**, les *fleurs artificielles* ; les peintures nous introduisent dans les fabriques et nous montrent les ouvriers à l'ouvrage, elles nous représentent jusqu'à des *poupées*, et jusqu'à des *pantins* auxquels on fait faire la culbute en tirant une ficelle.

ATHLÈTES. GYMNASES.

La civilisation égyptien-
ne était raffinée. L'Egyptien aimait le bien-être, le
luxe, les plaisirs. Il avait
mille moyens de se dis-
traire * ; voulait-il égayer
son repas, il louait des
acrobates *, des *athlètes**,
des *bouffons** ; ses goûts
étaient-ils plus relevés ?
la *musique* et la *danse*
remplaçaient les tours des
saltimbanques.

On se visitait beaucoup
dans l'ancienne Egypte ;
cérémonieuses ou intimes,
les réceptions étaient toujours très hospitalières, et
à en juger par les pein-
tures, les fleurs et les rafraîchissements ne man-
quaient pas.

VI.   **Commerce: routes.**

L'immense influence de
la civilisation égyptienne
sur tous les peuples de
l'antiquité suffirait à donner l'idée d'un immense
commerce.

Nous possédons déjà des détails fort précis sur les

CONCERT ET DANSE.

grandes *foires** qui se tenaient à l'occasion des fêtes religieuses, sur l'itinéraire des caravanes, leurs comptoirs dans les pays étrangers.

Les échanges se faisaient ordinairement en nature : on se servait aussi de petits lingots* d'or, de plomb, de fer : c'était la monnaie de l'Égypte ; tout s'achetait et se vendait au poids ; les *balances* égyptiennes ne différaient pas beaucoup des nôtres.

SALON DE DAMES ÉGYPTIENNES p. 78.

Les principaux objets d'exportation* étaient les céréales*, le papyrus* et la toile. Les caravanes importaient* des métaux, des bois précieux, des meubles et divers objets de luxe, des chevaux.

Les *routes* principales étaient sans doute entretenues, peut-être dallées. Elles aboutissaient à Memphis et surtout à Thèbes, et venaient de l'Asie centrale par la Phénicie et la Palestine ; de Carthage, par l'oasis* d'Ammon ; de l'Éthiopie et enfin de la mer Rouge, où les pharaons avaient de nombreuses flottes qui trafiquaient avec la côte africaine, celle de l'Arabie et peut-être de l'Inde.

Dans l'intérieur de l'Égypte le commerce par eau était de beaucoup le plus actif. À toute heure du jour, le fleuve et les canaux offraient un spectacle animé et pittoresque : les barques de commerce croisaient en tous sens les bateaux de plaisance et les convois funéraires.

Pays de scribes, l'Egypte eut sans doute une législation commerciale, mais jusqu'ici aucun document ne permet de l'affirmer.

VII. — Littérature: Poésie, épopée, histoire, sciences ; géographie ; contes populaires: leurs caractères et leurs sujets : *Le Naufragé*, **conte. Résumé.**

La science contemporaine est au contraire en mesure de démontrer que la littérature de l'Egypte fut une littérature complète. Tous les genres y sont plus ou moins représentés.

On savait depuis assez longtemps déjà que les hymnes égyptiens étaient souvent des chefs-d'œuvre de poésie lyrique[*]; que les poèmes épiques[2*], comme celui de Pentaour, étaient admirables; que le style historique des inscriptions avait une majesté imposante en harmonie avec les monuments qu'elles recouvrent et expliquent; on n'ignorait pas que les Egyptiens avaient cultivé avec succès la géométrie[*] et l'astronomie; qu'un savant appelé Thot passait pour avoir écrit quarante-deux traités de géographie, et parmi eux, une cosmographie, une géographie proprement dite, une chorographie, ou description de l'Egypte, et enfin une description du Nil et des canaux.

On connaissait, en un mot, toute la gravité du génie égyptien et comme ce génie n'était pas encore apparu sous un aspect moins sérieux, on décrétait, un peu légèrement, qu'il ne pouvait être autrement que grave ou même solennel.

Il faut aujourd'hui renoncer à cette appréciation qui est fausse. Facilement sérieux, l'Egyptien était naturellement enjoué, souvent gai et malicieux. Il aimait à reposer son imagination dans la composition ou la lecture de romans fantastiques, de récits bouffons ou satiriques. « L'Egypte doit être considérée sinon comme un « des pays d'origine des contes populaires, au moins « comme un de ceux où ils se sont naturalisés le plus « anciennement, et où ils ont pris une forme vraiment littéraire[1]. »

Nous possédons actuellement, en totalité ou en partie, sept romans ou contes, sans parler d'assez nombreux fragments qui remontent aux mêmes époques : en voici les titres :

1° *Le naufragé* (12ᵉ dynastie).
2° *Les aventures de Sinouhit* (12ᵉ dynastie).
3° *Le roman des deux frères* (19ᵉ dynastie).
4° *Le prince prédestiné* (20ᵉ dynastie).
5° *Comment Thoutii prit la ville de Joppé* (20ᵉ dynastie).
6° *Rampsinitos*, traduit par Hérodote (époque saïte).
7° *Satni-Khamoïs* (époque ptolémaïque).

Parmi les fragments, nous trouvons l'histoire d'un paysan (12ᵉ dynastie), l'histoire d'un revenant (20ᵉ dynastie), et celle *d'un bon tour que joua le sculpteur Petisis au roi Nakht-Horreb*.

Il ne faut pas lire ces contes avec le parti pris d'avance, d'y chercher une préoccupation littéraire. Ceux qui les recueillirent eurent le bon goût d'en respecter la saveur originelle, l'allure essentiellement populaire.

1. Maspero, *Contes populaires*, introduction, p. LXXX

Tous nous peignent par le détail le côté matériel de la civilisation égyptienne et, à ce point de vue, ils présentent déjà un précieux intérêt. Mais leurs sujets sont heureusement très variés. Les uns, comme la prise de Joppé, sont des récits historiques avec des erreurs, des anachronismes *, des lacunes * comblées audacieusement par la fantaisie populaire ; l'histoire est devenue légende, comme dans le livre II d'Hérodote.

Tout ce qu'Hérodote a pu étudier par lui-même, le sol, les mœurs, les coutumes, il l'a admirablement compris. Mais les interprètes qui lui faisaient visiter les édifices publics n'étaient pas plus instruits ni moins téméraires que les cicerones * de nos musées ; incapables de répondre à ses questions, ils lui répétaient, à propos des rois et des monuments, les fables populaires. Hérodote les recueillit fidèlement et en composa, non un abrégé d'histoire, mais un chapitre fort curieux d'histoire littéraire ; peut-être un jour trouvera-t-on l'original* de la merveilleuse histoire de Rampsinitos que l'écrivain grec sut traduire avec tant d'agrément.

Le peuple, dans l'antiquité comme de nos jours, ne se piquait pas de savoir la chronologie ; il prenait souvent le surnom d'un roi pour son nom, un lac pour un pharaon ; il faisait de tel prince son héros de prédilection ; il lui attribuait les exploits de ses prédécesseurs et de ses successeurs, en inventait de nouveaux, à son gré, et la figure de Ramsès II prenait alors des proportions fantastiques [1]. L'imagination populaire créa ainsi de véritables cycles *des légendes analogues à celles de Charlemagne et de la Table-Ronde *.

Les conteurs égyptiens n'étaient pas toujours sérieux quand ils parlaient de leurs pharaons, même les plus

1. Cf. *supra*, p. 28. 29.

illustres, et rien n'est plus intéressant que de comparer le respect des historiens officiels pour la divinité royale avec le sans-gêne des historiens populaires. Leur malice n'épargne ni les Thotmès, ni les Ramsès. Certains contes sont aussi ironiques en leur genre, que le *Voyage de Charlemagne à Jérusalem*, où le grand empereur « à la barbe chenue » fait le voyage d'Orient tout exprès pour comparer sa stature à celle du roi Hugon !

En lisant ces fabliaux * égyptiens, nous vivons avec le peuple même ; nous connaissons ses qualités, ses défauts, ses superstitions * ; nous ne croyons plus qu'il détestait les voyages, car les héros des ces légendes voyagent beaucoup et, comme Sinouhit, ils nous disent leur itinéraire, avec mille détails curieux sur les pays et leurs habitants. Ces voyages ne se font pas toujours par terre. Les Egyptiens ne regardaient pas la mer comme impure[1] bien que les historiens anciens l'aient affirmé. Le conte du *Naufragé* nous montre les matelots de race indigène chargés par le pharaon d'aller chercher des parfums en Arabie. Le conte remonte à la 12ᵉ dynastie et l'on connaît une expédition maritime entreprise sous la 11ᵉ.

Les anciens appelaient l'Egypte la *mère des sciences* ; c'était rendre justice à ce pays étonnant qui nous apparaît dès la plus haute antiquité avec une civilisation avancée. Sa religion, ses lois, ses arts, son administration, son industrie, son gouvernement même ont inspiré toutes les nations de l'antiquité, et les modernes ont cru faire bien des découvertes que les papyrus * et les monuments de l'Egypte nous montrent déjà accomplies plusieurs milliers d'années avant notre ère *.

1. Cf. *supra*, p. 27. 28.

LE NAUFRAGÉ.

(CONTE POPULAIRE ÉGYPTIEN)

12ᵉ *dynastie.*

Le serviteur savant dit : « Réjouis ton cœur, ô mon chef, car nous venons d'atteindre la patrie ; après nous être tenus à la poupe* du navire et battu des rames, la proue* a touché la terre ! Tous les gens se réjouissent et s'embrassent les uns les autres. car si d'autres que nous sont revenus en bon état. nous. il ne nous manque pas un seul homme, et pourtant nous sommes parvenus jusqu'aux dernières limites du pays de Ouaouat¹. Nous voici revenus en paix, et notre pays, voici que nous l'avons atteint ! »

« .... Maintenant, je te raconterai ce qui m'est arrivé à moi personnellement. J'allai aux mines de Honheu² et je descendis en mer sur un navire de cent cinquante coudées* de long sur quarante de large. avec cent cinquante matelots des meilleurs du pays d'Egypte,... dont le cœur était plus résolu que celui des lions. Ils avaient annoncé que le vent ne deviendrait pas mauvais, ou même qu'il n'y en aurait pas du tout ; mais un coup de vent survint. tandis que nous étions au large et, comme nous nous rapprochions de terre, la brise fraîchit et fit monter les vagues

---

1. Le pays de Ouaouat est à cette époque la partie de la Nubie située au delà de la seconde cataracte.

2. Honheu est un titre fréquent des dieux. C'est la première fois, pense M. Maspero, qu'on le voit appliqué à un roi d'une façon certaine.

à la hauteur de huit coudées*. Moi, je saisis une pièce de bois ; mais ceux qui étaient sur le navire périrent sans qu'il en restât un seul. Une vague de la mer me jeta dans une île après que j'eus passé trois jours seul, sans autre compagnon que mon propre cœur. Je me couchai là dans un fourré et l'ombre m'y enveloppa, puis je mis mes jambes à la recherche de quelque chose pour ma bouche. Je trouvai des figues et du raisin, toutes sortes de légumes magnifiques, des baies* et des graines, des melons de toute espèce, des oiseaux : rien n'y manquait. Je me rassasiai, après avoir jeté à terre le surplus de ce dont mes mains étaient chargées ; je creusai une fosse, j'allumai un feu et je dressai un bûcher de sacrifice aux dieux.

« Soudain j'entendis un bruit comme du tonnerre et que je crus être une vague de mer. Les arbres frissonnèrent, la terre trembla, je découvris ma face, et je reconnus que c'était un serpent qui s'approchait. Il était long de 30 coudées* et sa barbe dépassait la grandeur de deux coudées ; son corps était comme incrusté d'or* et sa couleur comme celle du lapis-vrai[1]. Il se dressa devant moi, ouvrit la bouche ; tandis que je restais prosterné devant lui, il me dit : « Qui t'a amené, qui t'a amené, petit, qui t'a amené? « Si tu tardes à me dire ce qui t'a amené dans cette « île, je te ferai connaître ce que tu es[2]... » Puis il me « prit dans sa bouche, me transporta à son gîte et

1. Les monuments nous font connaître plusieurs serpents à barbus, parmi les monstres qui peuplaient l'enfer égyptien, et il serait facile de trouver dans le nombre, un serpent bleu, à taches jaunes, dont les dimensions coïncideraient avec celles de notre serpent. (Note de M. Maspero.)

2. C'est-à-dire : « ton impuissance ».

« m'y déposa sans me faire du mal : j'étais sain et
« sauf, et rien ne m'avait été enlevé. Lors, il ouvrit la
« bouche et tandis que je restais prosterné devant lui,
« il me dit : « Qui t'a amené, qui t'a amené, petit, en
« cette île qui est dans la mer et dont les rives sont au
« milieu des flots? »

« Je lui répondis, les mains pendantes devant lui[1], je
lui dis : « Je me suis embarqué pour les mines, par
« ordre de Pharaon, sur un navire de cent cinquante
« coudées de long sur quarante de large. Il y avait là
« cent cinquante matelots des meilleurs du pays
« d'Egypte… et dont le cœur était plus résolu que
« celui des dieux. Ils avaient annoncé que le vent ne
« deviendrait pas mauvais ou même qu'il n'y en aurait
« pas du tout, car chacun d'eux surpassait ses compa-
« gnons par la prudence de son cœur et la force de
« son bras, et moi, je ne leur cédais en rien; mais un
« coup de vent survint tandis que nous étions au
« large et, comme nous nous rapprochions de terre,
« la brise fraîchit et fit monter les vagues à la hauteur
« de huit coudées. Moi, je saisis une pièce de bois;
« mais ceux qui étaient sur le navire périrent, sans
« qu'il en restât un seul avec moi durant trois jours.
« Et maintenant me voici près de toi, car je fus jeté
« dans cette île par une vague de la mer. »

« Là-dessus il me dit : « Ne crains pas. ne crains
« pas, petit, et n'attriste pas ton visage! Si tu es
« parvenu jusqu'à moi, c'est que Dieu t'a laissé vivre,
« c'est lui qui t'a amené dans cette île de *Double*[2]

---

1. C'est la posture dans laquelle les monuments nous représentent les suppliants ou les inférieurs devant le maître.
(N. de M.)

2. Le Double est l'âme égyptienne. L'île de Double est donc
une île habitée par les âmes bienheureuses. N. de M.

« où rien ne manque, et qui est remplie de toutes les
« bonnes choses. Voici, tu passeras un mois après
« l'autre, jusqu'à ce que tu sois demeuré quatre mois
« dans cette île, puis un navire viendra de ton pays
« avec des matelots; tu pourras partir avec eux vers
« ton pays et tu mourras dans ta ville. Causer
« réjouit... je vais donc te conter ce qu'il y a dans
« cette île. Je suis là, avec mes frères et mes enfants,
« entouré d'eux; nous atteignons le nombre de
« soixante-quinze serpents, enfants et gens de la
« famille, sans parler d'une jeune fille qui m'avait été
« amenée par la fortune, sur laquelle le feu du ciel
« tomba et qu'il réduisit en cendres. Quant à toi, si
« tu es fort et que ton cœur soit patient, tu presseras
« tes enfants sur ta poitrine et tu embrasseras ta
« femme, tu reverras ta maison, qui vaut mieux que
« tout, tu atteindras ton pays et tu seras au milieu
« des gens de ta famille. »

« Alors je m'inclinai et je touchai le sol devant
lui : « Voici ce que j'ai à te dire au sujet de cela.
« Je décrirai ta personne à Pharaon, je lui ferai
« connaître ta grandeur, et je te ferai porter du fard,
« du parfum d'acclamation [1], de la pommade, de la
« casse [*], de l'encens employé dans les temples et qui
« sert à honorer tout dieu. Je raconterai ensuite ce
« qu'il m'est arrivé de voir, grâce à toi, et on l'accor-
« dera des remerciements devant l'affluence de tout
« le pays; j'égorgerai pour toi des ânes en sacrifice, je
« plumerai pour toi des oiseaux et je ferai amener
« pour toi des navires remplis de toutes les merveil-

---

1. Le parfum d'acclamation Hakonou était une des sept
huiles consacrées que l'on offrait aux dieux et aux morts pendant le sacrifice. Le nom vient probablement des invocations
qui en accompagnaient la présentation. — N. de M.

« les de l'Egypte, comme il convient faire à un dieu
« ami des hommes dans un pays éloigné que les
« hommes ne connaissent point. »

« Il sourit de ce que je disais et me dit : « Tu
« n'es pas riche en essences, car tout ce que tu m'as
« nommé n'est en résumé que de l'encens, tandis
« que moi, je suis le souverain du pays de Pount [1],
« et j'y ai des essences. Seul, le parfum d'acclama-
« tion que tu parles de me faire apporter n'est pas
« abondant en cette île. Mais dès que tu t'éloigneras
« de cette place, tu ne reverras plus jamais cette
« île ; elle se transformera en flots. »

« Et voilà, quand le navire s'approcha conformément à ce qu'il avait prédit d'avance, je m'en allai
me jucher sur un arbre élevé pour tâcher de distinguer ceux qui y étaient. J'allai ensuite lui communiquer cette nouvelle, mais je trouvai qu'il la connaissait déjà et il me dit : « Bon voyage, bon
« voyage, vers ta demeure, petit ; revois tes enfants
« et que ton nom reste bon dans ta ville, ce sont là
« mes souhaits pour toi ! » Lors, je me courbai
devant lui, les mains pendantes, et lui, il me donna
des cadeaux d'essences, de parfum d'acclamation,
de pommade, de casse*, de thuya*, de poudre d'an-
timoine, de cyprès, d'encens ordinaire en grande
quantité, de dents d'éléphants, de lévriers, de cynocéphales*, de singes verts, de toutes les bonnes
choses précieuses [2]. Je fis embarquer le tout sur
ce navire qui était venu et, me prosternant, je

---

1. Cf., *supra*, p. 28, note.
2. On retrouve la même énumération bizarre sur le monument où la reine Haïtshopou de la 18e dynastie fit représenter
le voyage d'exploration accompli par ses ordres au pays de
Pount. — X. de M. — Cf., *supra*, p. 28

l'adorai. Il me dit : « Voici que tu arriveras dans
« ton pays après deux mois, tu presseras tes enfants
« sur ta poitrine et tu reposeras dans ton tombeau. »
Et, après cela, je descendis au rivage vers le navire et
j'appelai les matelots qui s'y trouvaient. Je rendis des
actions de grâces sur le rivage au maître de cette
île, ainsi qu'à ceux qui y demeuraient.

« Lorsque nous fûmes de retour à la résidence de
Pharaon, le deuxième mois, conformément à tout ce
que l'autre avait dit, nous nous approchâmes du
palais. J'entrai devant Pharaon et je présentai tous
les cadeaux que j'avais rapportés de cette île dans
le pays et il me remercia devant l'affluence de tout
le pays. C'est pourquoi, fais de moi un suivant et
rapproche-moi des courtisans du roi. Jette ton regard sur moi, maintenant que j'ai rejoint la terre
ferme, après avoir tant vu et tant éprouvé. Écoute
ma prière, car il est bon d'écouter les gens. On m'a
dit : « Deviens savant, mon ami ; tu parviendras aux
« honneurs. » Et voici, je le suis devenu. »

C'est fini du commencement jusqu'à la fin, comme
ç'a été trouvé dans le livre.

Qui l'a écrit, c'est le scribe aux doigts habiles :
Amoni-amonàa. V.S.F. [1]

---

1. Contes populaires de l'Égypte anciennes, traduits et com-
mentés par G. Maspero.

Le conte des naufragés a été découvert en 1880.

ASSYRIE ET CHALDÉE

CHAPITRE VIII

L'ASSYRIE JUSQU'AUX SARGONIDES. 721.

I. La Mésopotamie. Analogie du bassin du Tigre et de l'Euphrate avec la vallée du Nil. — II. Temps primitifs. Formation de l'Elam, de la Chaldée et de l'Assyrie. — III. Premier empire assyrien. — IV. Deuxième empire 1020 ? — 721.

I. — La Mésopotamie. Analogie du bassin du Tigre et de l'Euphrate avec la vallée du Nil.

Il y a dans l'Asie occidentale une région presque aussi bien limitée que la région du Nil, quoique beaucoup plus large : c'est la *Mésopotamie* ou pays entre les fleuves ; ces fleuves sont l'Euphrate et le Tigre ; ils naissent tous deux, au mont Niphatès aujourd'hui Keleschin-Dagh, coulent d'abord presque parallèlement, puis se séparent pour se rejoindre quatre-vingts lieues plus bas et former le *Shatt-el-Arab*, qui se jette dans le golfe Persique. Autrefois le golfe pénétrait dans les terres quarante ou quarante-cinq lieues plus haut qu'aujourd'hui. Le Tigre et l'Euphrate atteignaient alors directement la mer, à quelque distance l'un de l'autre.

Au nord, le plateau d'Arménie; au nord-ouest, celui d'Asie Mineure; à l'ouest, le désert de Syrie; au sud-ouest, les déserts d'Arabie; à l'est, les plateaux arides de la Perse et de la Médie, faisaient et font encore de la Mésopotamie un pays à part : c'est, comme la vallée du Nil, une sorte d'oasis*, au milieu des mers de sable qui la bornent de tous les côtés. Comme le Nil, l'Euphrate et le Tigre débordent périodiquement chaque année et transforment la plaine qu'ils entourent en un autre *présent des eaux*[1].

II. — Temps primitifs. Formation de l'Élam, de la Chaldée et de l'Assyrie.

Trois races peuplèrent le bassin tout entier du Tigre et de l'Euphrate : les Touraniens, les Koushites et les Sémites. Les deux premières s'unirent contre la troisième et les inscriptions* chaldéo-assyriennes nous transmettent peut-être le souvenir de cette lutte antique quand elles mentionnent la rivalité des *Soumirs* et des *Akkads*; les Soumirs paraissent représenter plus particulièrement les peuples du Midi, et les Akkads les peuples du Nord[2]. Les Akkads seraient des Sémites, les Soumirs, des Koushites et des Touraniens.

1. Cf., *supra*, p. 8.
2. Cette opinion semble être celle de Menant. La question reste obscure.

Cette hypothèse s'accorderait avec le récit biblique
qui fait de Nemrod, fils de Koush, le souverain de Bab-
Ilou [1] et de la Chaldée méridionale ; et d'Assour, fils de
Sem, le souverain de Ninive et de la Chaldée septentrionale. D'après la Bible, Bab-Ilou aurait été fondé
avant Ninive, ce qui supposerait une émigration sémite
vers le haut bassin du Tigre, soit volontaire, soit
forcée.

Ce qui est certain, c'est que les Touraniens et les Koushites formèrent un jour au sud et à l'est du Tigre, le
peuple *Élamite*, à l'ouest, le peuple *Chaldéen* proprement dit ; et que les Sémites formèrent au nord de la
Mésopotamie le peuple *Assyrien*. Quelques-unes de leurs
tribus franchirent l'Euphrate et allèrent se fixer en
Palestine ; parmi elles se trouvait la tribu d'Abram.

On ne sait presque rien de l'histoire primitive de
l'Elam. Mais on connaît les mœurs agricoles et maritimes de la Chaldée primitive, sa civilisation précoce*, ses
principales villes : *Our, Agané, Larsam* et *Bab-Ilou*,
plus tard si célèbre. Chacune de ces villes paraît avoir
eu ses rois particuliers qui tantôt subissaient la suprématie des rois voisins, tantôt les assujétissaient à la
leur.

L'invasion d'un prince élamite, appelé *Koudour-Na-
kounta*, mit fin à cette espèce de féodalité * chaldéenne
(2300 ou 2280 av. J.-C. C'est peut-être alors que les
Koushites maritimes du golfe allèrent chercher en
Occident une nouvelle patrie ; nous les avons rencon-
trés en Egypte sous le nom de Pasteurs ; nous les re-
trouverons en Palestine et en Syrie sous le nom de
Chananéens et de Phéniciens.

___

1. Babylone. *Bab-Ilou* veut dire : « porte du dieu Ilou ».

III. — Premier empire assyrien.

L'état primitif de l'Assyrie ressemble beaucoup à celui de la Chaldée; plusieurs villes restées célèbres dans l'histoire, *El-Assour*, *Singar*, *Ninive*, *Kalakh* [1] s'y disputaient la prééminence. L'invasion égyptienne modifia heureusement le régime politique de l'Assyrie, qui sentit la nécessité d'être une pour être forte. Aux pontifes rois appelés *patesi*, succédèrent les rois appelés *Sar*, indépendants de l'Egypte et surtout de la Chaldée (XVe siècle av. J.-C.).

Au XIIIe siècle, l'Assyrie forme un royaume compact et puissant dont les forces militaires organisées par *Adar-pal-asar*, devaient triompher sans peine des tribus isolées qui l'entouraient. Au sud seulement, elle trouva une rivale, la Chaldée.

Vers 1270, *Touklat-Adar I*, dont la capitale était El-Assour, s'empara de Bab-Ilou.

Dès lors l'Assyrie est conquérante : *Touklat-habal-asar I* conduisit ses armées victorieuses à travers l'Asie occidentale jusqu'à la ville phénicienne d'Arvad. Il put se vanter d'avoir tué un dauphin [2] en pleine mer; *géant dans les batailles*, il s'intitule déjà *le roi de tous les souverains, celui qui par la puissance de Bel a surpassé tous les peuples*. Le Pharaon jugea prudent de prévenir en sa faveur ce terrible conquérant en lui envoyant de riches présents, entre autres des crocodiles et des hippopotames.

Mais le développement de l'Assyrie avait été trop rapide pour être définitif : une terrible révolte de la

[1]. Voir le croquis.

Chaldée anéantit l'œuvre de Touklat-habal-asar et le premier empire tomba obscurément.

IV. — Deuxième empire, 1020 (?) — 721.

Vers 1020, une nouvelle dynastie réussit à restaurer la puissance de l'Assyrie, après un siècle de persévérants efforts. *Assour-nazir-habal* (roi en 882) reprit le chemin des conquêtes; l'Arménie, la Chaldée, la Syrie du nord devinrent ses tributaires, et *Salman-asar III* (827-822) soumit la Syrie centrale, malgré la résistance des rois de Damas, Benhadar I, Benhadar II et Khazaël. Damas elle-même fut prise; Sidon, Tyr, Samarie reconnurent en 842 la souveraineté du conquérant, dont la capitale était l'antique ville de *Kalakh*.

Les successeurs de Salman-asar n'eurent pas son activité guerrière et la légende de Sardanapal recouvre une vérité historique : l'affaiblissement de l'Assyrie.

La décadence ne fut que temporaire : *Touklat-habal-asar II* (745-726), qui est peut-être un usurpateur, rendit à l'Assyrie sa puissance et son ardeur belliqueuse. Il porta partout en Asie ses armes dévastatrices, détruisit Damas (732) et se fit payer tribut par les royaumes Juifs. Touklat allait passer en Egypte, quand une révolte de la Chaldée le rappela en Mésopotamie.

Son règne, encore mal connu, fut certainement un des plus brillants de l'histoire assyrienne. On sait qu'il soumit la Médie et fit une expédition victorieuse dans le bassin du Sindh (Indus).

En 726, à la mort de Touklat, les états Syriens étaient abattus; les états Juifs subsistaient encore, mais ils usaient leurs forces dans les guerres civiles, au lieu de s'allier résolument à l'Egypte. Des trois royaumes qui

protégeaient autrefois de leur existence la vallée du
Nil, l'un, celui de Damas, n'existait plus; les deux autres allaient bientôt disparaître.

Salman-asar V (726-721) voulut détruire Samarie
et Tyr avant d'envahir le Delta; il mourut sans les
avoir domptées, léguant à ses successeurs la conquête
de l'Egypte. Une révolution militaire mit alors sur le
trône un officier de l'armée, *Saryoukin*, qui fut surnommé *Sargon* (*l'usurpateur*), et fonda la plus connue
des dynasties * assyriennes, avec *Ninive* pour capitale.

CHAPITRE IX

LES SARGONIDES (721-625?). L'EMPIRE CHALDÉEN. (625 ?-536)

I. LES SARGONIDES : ÉTAT DE L'ASIE EN 721. DESTRUCTION DE SAMARIÉ, (721). PILLAGE DE THÈBES. RUINE DE L'ELAM. PRISE ET RUINE DE NINIVE PAR LES MÈDES, (625?). — II. L'EMPIRE CHALDÉEN : DESTRUCTION DE JÉRUSALEM, (588?). PRISE DE BAB-ILOU PAR LES PERSES, (536). — III. CARACTÈRE DES GUERRES ASSYRIENNES. — IV. RÉCITS TIRÉS DES INSCRIPTIONS : 1º RÉVOLTE DE LA CHALDÉE RÉPRIMÉE PAR SIN-AKHÈ-IRIB. 2º LA CHALDÉE ET L'ELAM SACCAGÉS PAR ASSOUR-BAN-HABAL.

I. — État de l'Asie, en 721. Destruction de Samarie, 721. Pillage de Thèbes, (663?). Ruine de l'Elam. Prise et ruine de Ninive, par les Mèdes, (625?).

L'Assyrie, en s'étendant, est devenue voisine de peu ples redoutables : les Elamites, qui soutiennent la Chaldée dans ses révoltes ; les Egyptiens, qui poussent les rois Juifs à la rébellion ; les Arméniens et les Mèdes, qui défendent avec succès leur indépendance.

Pour vaincre ces peuples, L'Assyrie va s'épuiser.

Saryoukin (721-704), bravé par l'alliance de Sabacon avec le royaume d'Israël, ruina Samarie et en réduisit

la population en servitude, 721. Vainqueur du pharaon
à Ropeh (Raphia), il ne put prendre Tyr, que protégeait sa forte situation dans une île, mais occupa
Chypre : *Saryoukin* fut ramené vers l'Orient par la
rébellion de l'*Ourarti* (Arménie actuelle) et du roi de
Bab-Ilou, Mardouk-bal-idinna.

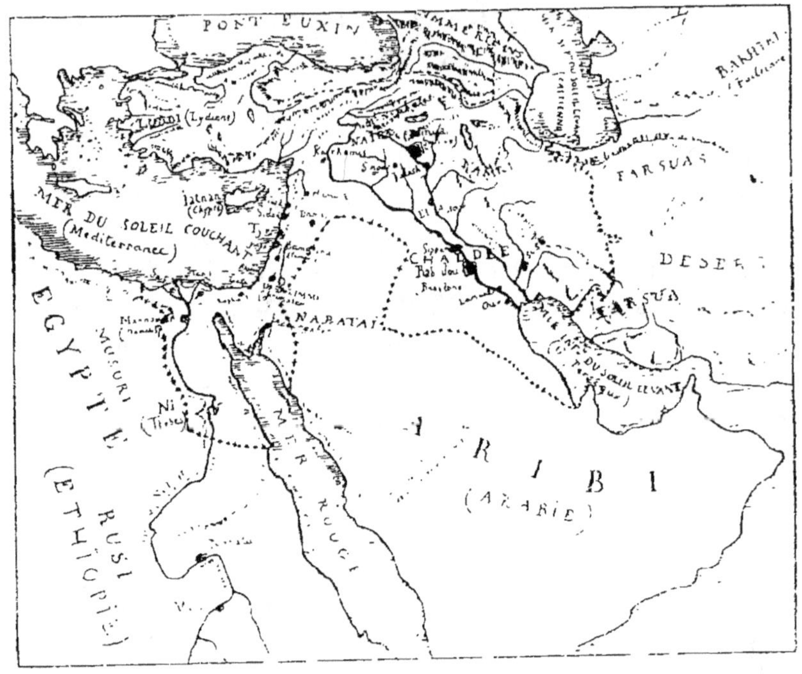

EMPIRE ASSYRIEN

Sin-akhè-irib[1] 704-680 victorieux de la Chaldée, à
laquelle il imposa pour roi un de ses astrologues, reprit
les projets de son père contre la Phénicie et l'Égypte.
Devenu enfin maître de Tyr, il ravagea le territoire de
Juda où régnait Hizkiah, puis envahit la vallée du Nil :

[1]. Ce nom veut dire : « Sin augmente les frères.

il ne put s'y maintenir. En Chaldée ses victoires sur l'indomptable Mardouk et les Elamites ne furent pas décisives, malgré le secours d'une flotte qu'il avait fait construire sur le Tigre par des ouvriers phéniciens. Comme Saryoukin, Sin-akhè-irib périt violemment, assassiné par deux de ses fils ; leur frère Assour-akhè-iddin s'empara du trône.

Assour-akhè-iddin[1] (680-667) ravagea la Médie, l'Arabie et l'Egypte, (672) sans pouvoir empêcher plus que son père les révoltes des vaincus. Retiré à Bab-Ilou, il abandonna le souverain pouvoir à son fils.

Assour-ban-habal (667-?) fut le véritable conquérant de l'Egypte, si l'on appelle conquête la dévastation d'un pays.

Thèbes fut saccagée : l'or, l'argent, les bijoux, les

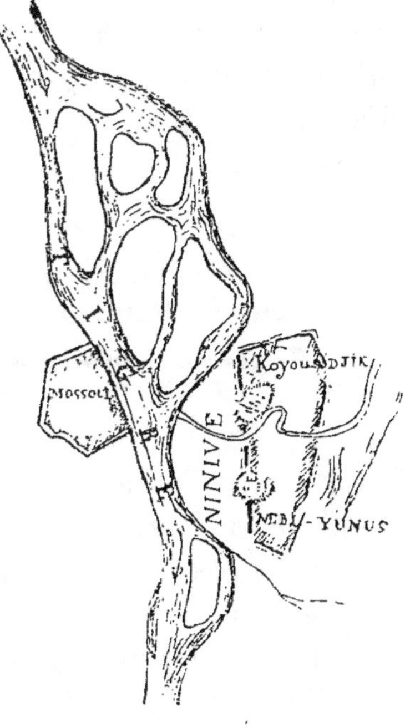

PLAN DE NINIVE

pierres précieuses, les trésors des palais, deux obélisques, furent transportés à Ninive (666-665). Les Phéniciens, qui s'étaient soulevés, essuyèrent une sanglante défaite et l'empire assyrien s'étendit un instant jusqu'à la mer Egée*.

Enfin Assour-ban-habal soumit l'Elam à des dévastations systématiques et le royaume Susien disparut de l'Asie.

---

1. Ce nom veut dire : Assour a donné des frères. »

Il n'y avait plus dans le monde oriental qu'un seul empire puissant, l'empire assyrien, qu'un seul maître, Assour-ban-habal.

L'Assyrie semble à l'apogée de sa puissance: en réalité, elle est près de sa ruine. Tant de guerres, tant de victoires l'ont épuisée. L'invasion des Cimmériens et celle des Scythes*, venus d'Europe par le Caucase, l'affaiblirent encore. Elle ne put résister au roi des Mèdes, Kyaxarès, qui s'empara de Ninive et la détruisit (625)[1].

II.—L'Empire Chaldéen. Destruction de Jérusalem.(588)? Prise de Bab-Ilou par les Perses. (536).

La véritable héritière de l'Assyrie, ce ne fut pas la Médie, mais la Chaldée; Bab-Ilou succéda à Ninive; la civilisation resta la même; l'étendue de l'empire subit seule une modification : Nabou-pal-oussour réunit* à la Babylonie l'Elam, la Mésopotamie, la Syrie, la Judée; mais la *Médie* s'étendit jusqu'à la rive gauche du Tigre et se réserva la conquête de l'Arménie et de l'Asie Mineure.

Si l'empire chaldéen dura peu, il jeta un vif éclat. Sa grandeur réside tout entière dans le règne de Nabou-koudour-oussour. C'est ce prince qui vainquit Neko II à Karkémish 605 ; c'est encore lui qui mit fin

1. Les savants diffèrent au sujet de cette date fixée par Rawlinson en 625 ou 624 ; par M. Smith, en 607 ; par M. Oppert, en 606; par M. de Saulcy, avec raison peut-être, en 625. Nous avons choisi cette date entre beaucoup d'autres, parce qu'elle réunit la majorité des suffrages ; ce qui ne prouve pas qu'elle soit exacte.

au royaume de Juda, en ruinant Jérusalem, où régnait Zédékiah : il emmena en captivité une partie de la population (588).

Cependant Nabou-koudour-oussour ne réussit pas à soumettre Tyr ni l'Egypte. Quand il fut mort, la puissance de la Chaldée déclina et bientôt Bab-Ilou partagea le sort de l'Orient tout entier : elle tomba au pouvoir du nouveau maître de l'Asie, Kyros, roi des Perses (536)[1].

III. — Caractère des guerres assyriennes. Récits tirés des Inscriptions.

Les guerres assyriennes en Asie, comme celles de l'Egypte, furent des guerres religieuses. Le roi assyrien qui se glorifie énormément, glorifie encore plus ses dieux. « S'il combat pour sa propre gloire et pour « l'extension de son territoire, il combat aussi pour « l'honneur de ses dieux que les autres nations re- « jettent et pour répandre leur culte au loin dans « tous les pays connus.[2] »

Le début de la grande inscription de Khorsabad où Saryoukin Sargon énumère magnifiquement ses exploits, fait ressortir nettement ce double caractère des expéditions assyriennes.

« *Palais de Sargon, le grand roi*, le roi puissant, roi des légions, roi d'Assyrie, vicaire* des dieux à Bab-Ilou, roi des Soumirs et des Akkads, favori des grands dieux.*

. « *Les dieux Assour, Nebo et Mérodakh m'ont conféré*

---

1. Cf. *infra,* p. 163.
2. G. Rawlinson, *The five great Monarchies,* t. II p. 72-73.

la royauté des nations. Fier de mon nom sans tache, j'ai déclaré la guerre à l'impiété. J'ai restauré les sanctuaires de Sippara, de Nipour, de Bab-Ilou et de Borsippa; j'ai redressé les infractions commises par les hommes contre les lois respectables.*

. . . .

. « Les grands dieux m'ont rendu heureux par la constance de leur affection; ils m'ont accordé sur tous les rois l'exercice de ma SOUVERAINETÉ; ILS LEUR ONT IMPOSÉ A TOUS L'OBÉISSANCE...

« C'est par la grâce des grands dieux mes maîtres. que j'ai forcé mes serviteurs à m'obéir; par la prière. j'ai obtenu la défaite de mes ennemis. »

Suit l'énumération des conquêtes.

ROI ASSYRIEN COMBATTANT AVEC L'EMBLÈME PROTECTEUR.

Les guerres de religion ne laissent derrière elles que des ruines et des haines. Les Assyriens ne fondèrent pas plus que les Égyptiens un empire durable: un seul désastre suffisait à détruire les résultats de vingt victoires et sous les murs de Samarie, de Tyr, de Damas ou de Thèbes, Saryoukin et ses successeurs eurent toujours à redouter une rébellion de la Chaldée.

La triste supériorité de ces conquérants sur les Thotmès est d'avoir plus détruit qu'eux.

Dans les nombreuses inscriptions qui relatent* leurs exploits, aucune expression n'est trop magnifique pour peindre leur courage, leur audace irrésistible, leurs triomphes inouïs. Le roi assyrien se met toujours en scène, au premier plan ; on ne voit que lui, on n'entend que lui ; il énumère ses victoires et ses cruautés avec une sorte d'enthousiasme fanatique* qui grandit en se donnant carrière, pour aboutir à un délire d'orgueil et de férocité.

IV. — **Récits tirés des inscriptions.**

1º. — Révolte de la Chaldée réprimée par Sin-akhè-irib ; son expédition dans le pays de Nipour.

« *Les harnais, les armes, les trophées de ma victoire nageaient dans le sang des ennemis comme dans une rivière,* » dit Sin-akhè-irib victorieux des Chaldéens. « *Mes chars de bataille, qui écrasent les hommes et les animaux, avaient dans leur course broyé leur corps. J'ai élevé comme un trophée des monceaux de cadavres dont j'ai coupé les extrémités des membres ; j'ai mutilé tous ceux qui sont tombés vivants en mon pouvoir. Je leur ai coupé les mains.....* [1]. »

Le passage suivant raconte une expédition du même roi contre les tribus indomptées du mont Nipour, sur les confins de la Médie. Nous y retrouvons le même accent de cruauté impitoyable, avec un magnifique

1. Inscription du prisme de Taylor. Ménant. *Annales.* p. 223.

orgueil, un orgueil épique. Le roi est indigné qu'on ait osé lui résister.

« *Ils ne s'étaient pas soumis!... J'ai laissé les bagages dans les plaines du pays de Nipour avec les frondeurs et les porteurs de lances et les guerriers de mes batailles incomparables.*

Je me posai devant eux, comme un portique de colonnes. Les débris des torrents, les fragments des hautes et inaccessibles montagnes, je les transformai en trône ; je fis aplanir une cime sur la montagne pour y poser le trône. Je bus l'eau de ces montagnes, l'eau auguste, pure, pour étancher ma soif. Quant aux hommes, je les vainquis, j'attaquai leurs villes en le dépouillant de leurs habitants, je les détruisis, je les démolis, je les réduisis en cendres [1]. »

2° La Chaldée et l'Elam saccagés par Assour-ban-habal.

La Chaldée se révolte pour la seconde fois sous le règne d'Assour-ban-habal, à l'instigation de l'Elam et du vice roi, propre frère du souverain.

Après avoir ordonné le supplice de son frère qui est brûlé vif, Assour-ban-habal en frappe les complices.

« *La colère des grands dieux, mes Seigneurs, s'appesantit sur eux; pas un n'échappa, pas un ne fut épargné; ils tombèrent tous dans mes mains; leurs chariots de guerre, leurs harnais, leurs femmes, les trésors de leurs palais furent apportés devant moi. Ces hommes dont la*

1. Cité par Oppert : *les Sargonides*, p. 16-17.

bouche avait tramé des complots terribles contre moi et contre Assour, mon Seigneur, j'ai arraché leur langue et j'ai accompli leur perte. Le reste du peuple fut exposé vivant devant les grands taureaux de pierre que Sin-akhè-irib, le père de mon père, avait élevés, et moi, je les ai jetés dans le fossé; j'ai coupé leurs membres, je les ai fait manger par des chiens, des bêtes fauves, des oiseaux de proie, les animaux du ciel et des eaux. En accomplissant ces choses, j'ai réjoui le cœur des grands dieux, mes Seigneurs,[1] » etc.

La Chaldée, soumise, Assour-ban-habal saccage l'Elam ; toutes les villes sont détruites ; les populations massacrées, torturées, asservies. Le cadavre du chef élamite était tombé entre les mains du roi : Assour-ban-habal le fait décapiter ; puis il ordonne de saler la tête pour la conserver. Plus tard, en face de ce hideux trophée, suspendu à l'un des arbres du jardin royal de Ninive, le conquérant présidera un grand festin de réjouissance. Un bas-relief du Musée Britannique nous représente la scène.

1. Ménant, *Annales*. p. 263.

CHAPITRE X

CIVILISATION CHALDÉO-ASSYRIENNE

I. Écriture. — II. Religion ; son infériorité sur la religion égyptienne. — III. Le roi ; lois. — IV. Les capitales de l'Assyrie ; les fouilles. — V. Bab-Ilou. — VI. Architecture et sculpture. — VII. Agriculture. — VIII. Industrie et usages ; commerce. — IX. Littérature.

I. **Écriture.**

C'est seulement en 1842 que M. Botta, consul de France à Mossoul*, retrouva le premier palais assyrien sur l'emplacement d'un pauvre village voisin, appelé *Khorsabad*. D'autres découvertes suivirent. Mais il fallait les féconder par le déchiffrement des caractères gravés sur les monuments.

Le général Rawlinson eut le bonheur de rencontrer sur un rocher de Médie une inscription écrite en perse, en mède et en assyrien. Or, depuis le commencement du siècle, on lisait avec certitude l'écriture cunéiforme* des Perses : l'inscription trilingue, dite de *Behistoun*, fut aussi utile pour l'étude de l'assyrien, que l'inscription de Rosette l'avait été pour l'intelligence de l'égyptien.

M. Rawlinson, en Angleterre, M. le docteur Hincks en

Irlande, et surtout M. J. Oppert en France réussirent, après de longs travaux, à fixer l'alphabet et la grammaire de la langue chaldéo-assyrienne.

Les progrès de la science permettent déjà d'embrasser, dans son ensemble, l'histoire de l'Assyrie et d'apprécier sa civilisation, qu'elle dut en grande partie à la Chaldée, mais qu'elle perfectionna.

II. — **Religion. Son infériorité sur la religion égyptienne.**

La religion chaldéo-assyrienne, comme la religion égyptienne, avait son principe dans la notion d'un dieu unique ; elle se transforma rapidement en un pur panthéisme *.

Le dieu suprême, s'appelait *Ilou*, que les inscriptions appellent le « *chef des dieux* ». A Ninive, Ilou se confondait avec *Assour*, le grand dieu national.

Au-dessous d'Ilou, étaient *Anou*, le chaos * ; *Bel*, l'organisateur du monde ; *Ao* ou *Bin* la lumière divine.

A chacun de ces trois dieux correspondait une divinité féminine. Puis venaient *Samas*, le soleil ; *Sin*, la lune ; un second *Bin*, le firmament ; enfin les dieux des planètes *.

En bas de cette hiérarchie divine était reléguée la foule innombrable des petits dieux qui personnifiaient les phénomènes * inférieurs de la création.

Les Chaldéo-Assyriens appelèrent dieux toutes les manifestations de la divinité créatrice et les classèrent rigoureusement, suivant l'importance de ces manifestations. Quant à la grande place qu'occupent les astres dans cette religion, elle s'explique par l'importance particulière de l'astronomie chez les peuples de la Mésopotamie.

Les Assyriens adoraient surtout des forces brutales, tandis que les Egyptiens vénéraient des forces bienfaisantes. Le grand dieu de l'Assyrie, Assour, est le dieu de destruction ; le dieu suprême de l'Egypte est Osiris, le dieu de bonté. En pratiquant leur religion, les Egyptiens pouvaient devenir meilleurs ; les adorateurs d'Assour ne devaient être que de cruels fanatiques.

III. — Le roi. Lois.

Le roi assyrien, comme le pharaon, est tout-puissant : cependant il n'est pas dieu ; il est seulement le ministre des dieux. On se rappelle que, pour respecter leur propre divinité, les rois d'Egypte se voyaient, en quelque sorte, contraints de se montrer bienfaisants. Il n'en était pas de même en Assyrie : comme les rois s'y proclamaient les vicaires d'Assour et qu'Assour était un dieu despotique *, ils déclinèrent toute responsabilité * de leurs actes et exercèrent, au nom de leur maître, la tyrannie la plus capricieuse.

Les emblèmes royaux *, dans les bas-reliefs assyriens, sont analogues aux emblèmes des pharaons. Il faut sans doute y voir une imitation qui s'expliquerait facilement par les nombreuses expéditions des Egyptiens en Asie.

On trouve fréquemment, planant au-dessus du roi assyrien, pendant la bataille, l'oiseau protecteur, mais il ne porte pas d'attributs divins ; quelquefois, c'est une figure ailée qui prend part au combat pour défendre le prince.

Dans les scènes civiles et religieuses, il n'est pas rare de rencontrer des personnages ailés : ce sont des génies protecteurs. Les taureaux à tête humaine, placés à l'entrée des palais, jouent le rôle tutélaire des sphinx égyp-

liens. Peut-être sont-ils une personnification symbolique des rois * eux-mêmes ; peut-être signifiaient-ils que
le prince unissait la force du taureau à l'intelligence
humaine : on s'expliquerait ainsi tout naturellement
la merveilleuse métamorphose de Nabou - koudour -
oussour.

La coiffure royale était en général une sorte de tiare,
surmontée d'un petit cône droit ; sous la tiare, le ruban
qui forme diadème, faisait le tour de la tête et retombait
en arrière par deux larges bandes ornées de fran-
ges. La barbe du roi, ses cheveux nous apparaissent
toujours soigneusement bouclés et étagés en signe de
haute dignité[1]. Derrière lui, se dresse le parasol, qui, dans
les scènes militaires, semble fixé au char de guerre ; à
la suite du char, deux serviteurs portent le chasse-mouches. L'appareil des cours asiatiques n'a pas changé aujourd'hui.

Il importait peu en Assyrie que la législation se per-
fectionnât, puisque la volonté du prince était au-dessus des lois. Dure et expéditive, elle était propre à satisfaire rapidement les caprices d'un tyran. La peine de
mort était un châtiment très ordinaire ; la décapitation
passait pour une faveur ; la torture semble avoir été la
règle. Dans certains cas, on crucifiait ; dans d'autres on
empalait ; dans d'autres enfin, on écorchait vif. Les
cadavres des suppliciés demeuraient sans sépulture,
double mort aux yeux des peuples anciens[2]. Les fautes

1. Voir p. 115.
2. Le bonheur de l'âme après la mort était, dans l'esprit des
anciens, lié au repos du corps, qu'elle pouvait revenir habiter
dans le tombeau. L'âme sans tombeau n'avait pas de demeure ;
elle errait à l'aventure, malheureuse, irritée ; elle effrayait les
vivants de ses apparitions lugubres, pour les avertir de donner
la sépulture au cadavre. De là est venue la croyance aux reve-
nants. Cf. Fustel de Coulanges, *Cité antique*, p. 10.

légères étaient journellement punies de la mutilation d'un ou de plusieurs membres, ou bien encore de la perte des yeux.

Les lois civiles * égalaient en barbarie les lois criminelles. Le propriétaire était l'homme libre par excellence ; celui qui ne possédait pas n'était rien dans la société. La propriété était garantie par les lois et la religion : mais celui qui ne pouvait payer ses dettes perdait à la fois ses biens et sa liberté : il devenait l'esclave de son créancier.

Cette servitude n'était pas limitée comme en Judée : l'esclave assyrien n'avait pas l'espoir comme l'esclave juif de redevenir libre [1] : les débiteurs insolvables, appartinssent-ils à la race des vainqueurs, demeuraient à perpétuité confondus avec les captifs étrangers.

IV. — Les capitales de l'Assyrie. Les fouilles.

On a pu déterminer avec certitude l'emplacement des grandes villes assyriennes, El-Assour, Kalakh, Ninive.

El-Assour fut probablement la première capitale : c'était la ville d'Assour. Ses ruines sont cachées aujourd'hui par l'immense monticule de Kalah-Sherghat, sur la rive gauche du Tigre, à soixante kilomètres au-dessus de son confluent avec le Zab. M. Layard y a recueilli, dans les ruines d'un palais, quelques-uns des plus anciens documents que nous puissions consulter sur l'Assyrie.

Kalakh, la capitale du deuxième empire, était jadis baignée dans toute sa longueur à l'ouest par les eaux du Tigre. Aujourd'hui, le fleuve coule à une petite dis-

1. Cf. *infra*, p. 111.

tance des ruines et la vaste enceinte de la ville est parfaitement reconnaissable, non loin du village de Nim-
roud. Les monuments retrouvés datent du règne d'Assour-nazir-habal qui reconstruisit presque entièrement
Kalakh : les fouilles ont mis au jour une statue en
pied de ce prince ; *c'est la seule statue* d'homme de
cette époque qui soit parvenue jusqu'à nous[1].

L'emplacement de *Ninua*, c'est le vrai nom de Ninive,
n'a été déterminé qu'en 1844. Les premières recherches
avaient amené la découverte d'un palais, dans le village
de Khorsabad ; ce palais, résidence d'été de Saryoukin, ne faisait pas partie de Ninive. C'est en face de
Mossoul, de l'autre côté du Tigre, dans la plaine, que
se trouvait la fameuse cité. Là s'élèvent deux monti-
cules artificiels, situés à deux kilomètres l'un de l'autre.
Sur la colline septentrionale se trouve le village de
Koyundjik ; la seconde, surmontée d'une mosquée[2],
porte le nom de *Nebi-Yunus* ; c'était un lieu de pèle-
rinages.

Les fouilles opérées à Koyundjik ont laissé voir un
premier palais, construit par Sin-akhè-irib et un
second, commencé par Assour-akhè-iddin et achevé
par Assour-ban-habal.

Le gouvernement turc lui-même autorisa les travaux
dans la colline de Nebi-Yunus ; elles ont amené la
découverte d'un troisième palais élevé par Sin-akhe-
irib.

Outre les renseignements de tous genres fournis par
la *bibliothèque d'Assour-ban-habal*[2*], les bas-reliefs et
les inscriptions répandus à profusion sur les portes et
les murs, permettent, déjà d'établir la chronologie de

1. Ménant, *Annales*. p. 58.
2. Cf. *infra*, p. 122.

l'histoire assyrienne, pour la période des Sargonides, et même pour une partie du deuxième empire.

Les inscriptions de l'Assyrie sont bien plus précises et se contrôlent bien plus facilement que celles de l'Egypte : « Les Assyriens avaient écrit leur histoire non seulement pour leurs contemporains, mais surtout pour la postérité. Jamais peuple ne s'est montré plus soucieux de l'avenir et n'a fait un plus grand usage de l'écriture pour perpétuer sa renommée. Les rois gravaient le récit de leurs conquêtes sur des stèles, sur des prismes ou des cylindres enfouis dans les fondations des palais et des temples, derrière les bas-reliefs qui en ornaient les portiques et sur les marbres qui en décoraient les grandes salles... La substance sur laquelle les Assyriens écrivaient le plus souvent les a, du reste, merveilleusement servis : c'est l'argile, qui résiste à l'eau, au feu et que la pioche des démolisseurs peut à peine entamer aujourd'hui [1]. »

V. — Bab-Ilou.

Nabou-koudour-oussour fut le véritable auteur de ces splendeurs de Bab-Ilou si vantées par Hérodote qui les avait vues.

Les murailles des enceintes commencées par Assour-akhè-iddin furent achevées et étendues par le conquérant chaldéen. Des inscriptions, retrouvées il y a quelques années, énumèrent les prodigieux travaux accomplis par lui à Borsippa, à Larsam, à Our, à Bab-Ilou enfin [2].

1. Ménant, Introduction, *Annales*, p. 2.
2. Ces découvertes achèvent d'anéantir la fabuleuse légende de Sémiramis.

« Quatre mille grandes mesures forment la surface de Bab-Ilou, l'œuvre indestructible. J'ai fait maçonner la puissante enceinte... J'ai fait creuser les fossés et j'en ai garni les bords par un ouvrage en bitume et en briques. J'ai construit dans l'intérieur la puissante enceinte qui s'élève comme une montagne. J'y ai percé des portes, je les ai disposées avec des charpentes et des poutres garnies d'airain pour que l'ennemi ne puisse jamais montrer son visage dans Bab-Ilou, l'impérissable ; je l'ai fait entourer par les eaux, comme les vagues de la mer... Les tranchées dans les fossés étaient bordées par des talus en terre ; j'ai fait construire les fossés en maçonnerie...*

« Je n'ai pas érigé le trône de ma royauté dans une autre ville du pays de Chaldée... mais dans Bâb-Ilou seulement, j'ai élevé le palais de ma demeure, qui contient les trésors de ma royauté impérissable...[1] »

L'admiration d'Hérodote est justifiée par le récit des inscriptions. Toutefois malgré l'immensité de Bab-Ilou, l'épaisseur de ses murailles, la beauté de ses rues bien alignées et de ses hautes maisons, malgré son temple de Bel, avec la fameuse tour à huit étages qui servait d'observatoire astronomique ; malgré ses terrasses plantées d'arbres, soutenues les unes au-dessus des autres par des piliers et des voûtes, les monuments chaldéens n'ont probablement jamais égalé ceux de l'Assyrie, au moins par la solidité ; on ne trouve plus guère aujourd'hui sur l'emplacement de Bab-Ilou que des amas de terre et de briques. * « mine inépuisable de matériaux où viennent puiser pour la construction les populations environnantes. »

1. Ménant, *Bab-Ilou et la Chaldée*, Grande inscription de Nabou-koudour-oussour. p. 205. 206. 207.

On a pu déterminer exactement l'enceinte de la ville : le grand mur renfermait un terrain égal en superficie au département de la Seine[1].

VI. — Architecture et Sculpture.

Les monuments assyriens n'avaient pas les qualités de durée des monuments égyptiens. Construits en briques cuites, étayés* de terres rapportées, ils sont nécessairement peu élevés ; leur base est très large, leur aspect lourd et monotone. « Les murailles sont faites au rez-de-chaussée, avec de grandes plaques de gypse* marmoriforme... Il paraît qu'elles étaient reliées entre elles au moyen de clous et de bandes de cuivre, dont on a recueilli, sur place, de très nombreux fragments. Au premier étage, le mur était en briques crues ou en argile battue. Il paraît certain que le toit était en charpentes, car on a remarqué dans ces décombres une notable quantité de bois carbonisé. Enfin les restes d'un épais enduit d'un beau bleu d'azur donnent à penser que les parois intérieures des chambres étaient ornées de peintures[2]. »

Les ornements et les bas-reliefs qui couvrent les monuments assyriens présentent de grands rapports avec ceux des monuments égyptiens. « La manière de représenter une rivière, un arbre, une ville assiégée, un groupe de prisonniers, une bataille, un roi dans son char, est presque identique chez l'un et chez l'autre peuple ; la différence qui existe est simplement celle

1. Cf. Hérodote, I, 178-187, et Diodore, II, 7-12.
2. Batissier, *Histoire de l'art monumental*.

qui résulterait naturellement de la représentation de mœurs de deux peuples différents [1] ». Nous retrouvons dans l'ornementation assyrienne la fleur de lotus ; mais l'imitation en est moins fidèle, parce qu'elle est absolument subordonnée à des formes géométriques souvent compliquées et bizarres.

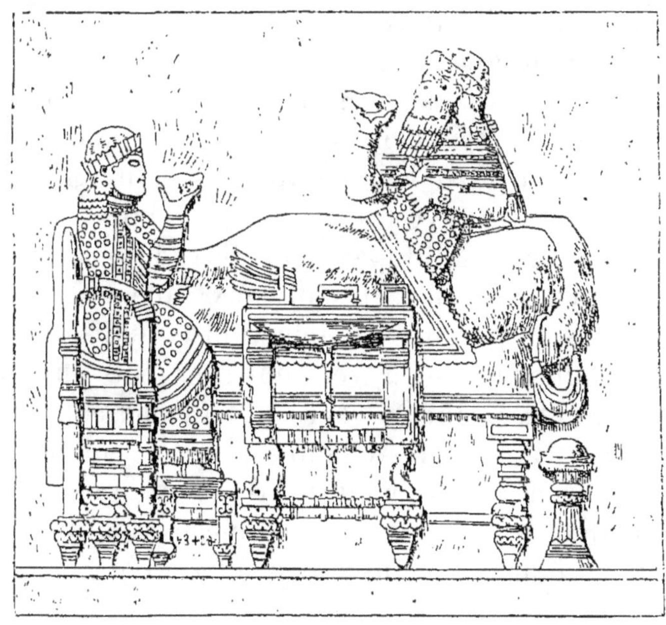

REPAS D'ASSOUR-AKHÉ-IDDIN. MEUBLES. (Koyundjik.)

La sculpture assyrienne est inspirée par un principe original. L'artiste ne sacrifie jamais, comme en Egypte, le détail à l'ensemble ; au contraire, il néglige l'ensemble, pour reproduire avec un soin minutieux une broderie, une mèche de cheveux, un poil de barbe, un muscle du bras et de la jambe. Dans un bas-relief assyrien, beaucoup de parties sont merveilleuses

1. Batissier, *Histoire de l'art monumental.*

d'exécution : l'ensemble manque en général de proportions ; tel détail est bien étudié pris à part : il devient monstrueux, comparé aux objets environnants.

Le grand développement de l'architecture et de la sculpture semble dater du règne de Sin-akhè-irib. Le caractère dominant de l'art assyrien est alors une reproduction trop minutieuse de la nature ; défaut précieux pour l'histoire.

« Les montagnes, les rochers, les arbres, les routes, les rivières, les lacs furent figurés régulièrement ; les différentes espèces d'arbres sont marquées dans les bas-reliefs ; les jardins, les champs, les étangs, les joncs sont représentés avec soin ; les animaux sauvages, cerfs, sangliers, antilopes sont introduits avec leurs traits caractéristiques ; les oiseaux volent d'arbre en arbre, ou sont perchés sur leurs nids, tandis que leurs petits allongent le cou vers eux ; les poissons jouent dans l'eau ; les pêcheurs exercent leur métier ; les bateliers et les ouvriers des champs poursuivent leurs travaux : la scène est pour ainsi dire photographiée dans tous ses détails ; les moindres comme les plus importants également marqués, sans qu'on ait essayé de faire un choix.

Sin-akhè-irib choisit comme sujet de représentation artistique, les scènes triviales de la vie journalière. Les longues files de serviteurs qui entraient chaque jour dans son palais avec du gibier pour son dîner, des gâteaux ou des fruits pour son dessert, ont encore sur les murs des corridors l'apparence exacte qu'ils avaient au temps où ils passaient à travers les cours, chargés des friandises que le roi aimait. Ailleurs, il met devant nous tous les procédés employés à la sculpture et au transport d'un taureau colossal, depuis le moment où l'on tire de la carrière le bloc non dégrossi, jusqu'au

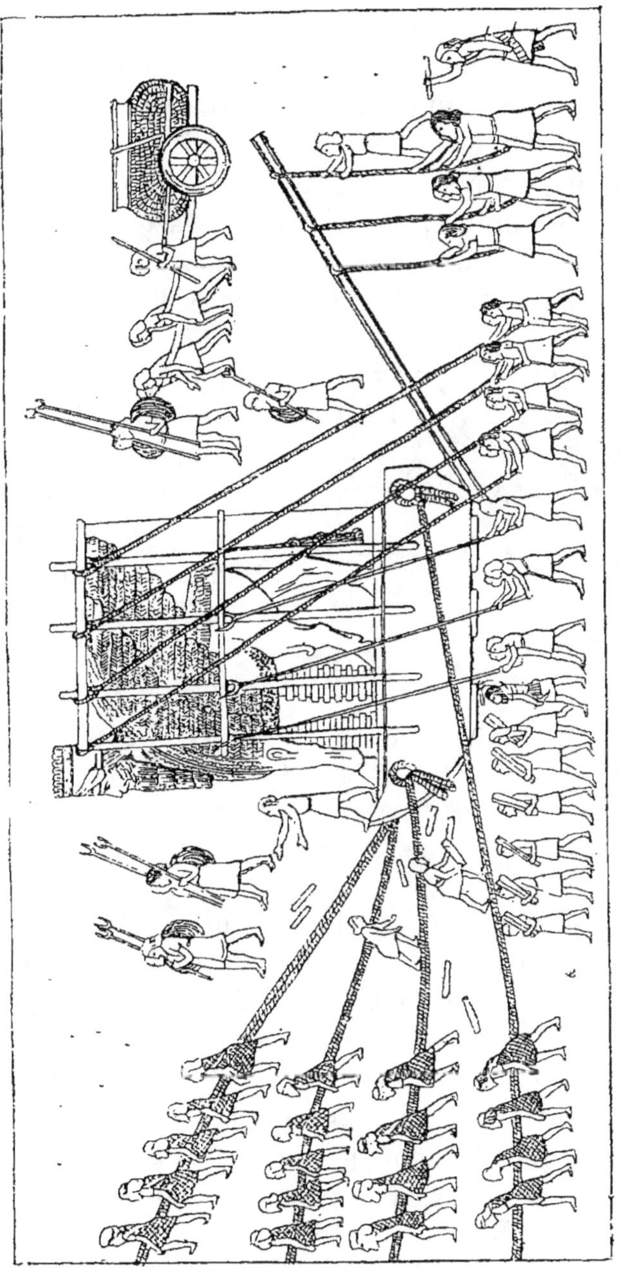

TRANSPORT D'UN TAUREAU MONUMENTAL

moment où il est hissé sur le tertre artificiel qui sert

de soubassement à un palais, afin de décorer la porte monumentale d'une résidence royale. Nous voyons les haleurs*, traînant, au cours d'une rivière, le bloc brut, porté sur un bateau à fond plat et disposés par pelotons, sous les ordres des contremaîtres qui jouent du bâton à la moindre provocation. La scène doit être représentée tout entière ; aussi tous les haleurs sont là au nombre de 300, costumés chacun à la mode de son pays et dessinés avec autant de soin que s'ils n'étaient pas la reproduction exacte de 99 autres. Puis on observe le bloc, mené à terre et taillé rudement en forme de taureau : dé-

PARC A GIBIER

grossi de la sorte, il est chargé sur un traîneau et amené sur un terrain uni, par des escouades d'ouvriers, arrangés à peu près de la même manière qu'auparavant, jusqu'au pied du tertre où il doit être placé. La construction du tertre* lui-même est représentée en détail. On voit des briquetiers moulant les briques à la base ; tandis que des maçons, la hotte au dos, pleine de terre, de briques, de pierres et de décombres, montent péniblement (car déjà la terre est à moitié de sa hauteur) et déchargent leur fardeau. Alors le taureau, toujours étendu sur son traîneau, est hissé jus-

qu'au sommet, le long d'un plan incliné, par quatre
escouades de manœuvres, en présence du monarque
et de sa suite. Après quoi, la sculpture est complétée
et le colosse, dressé sur les pieds, est conduit à travers
la plate-forme jusqu'à la place exacte qu'il doit occuper [1]. »

VII. — **Agriculture.**

La Mésopotamie ne pouvait devenir féconde qu'à la
condition d'être arrosée artificiellement et régulièrement; car il n'y tombe pas plus d'eau que dans la vallée du Nil, et si le Tigre coule dans un lit très encaissé,
l'Euphrate tend toujours à sortir du sien. Les Assyro-
Chaldéens durent conquérir à l'agriculture les plaines
desséchées du Nord et les marécages du Sud. Ils multiplièrent les puits, les citernes, inventèrent des machines
pour répandre l'eau dans les champs, creusèrent des
canaux pour régulariser l'inondation. Les inscriptions
nous montrent que les rois les plus belliqueux se faisaient un devoir et une gloire de ces travaux pacifiques.
Au temps d'Hérodote, l'Assyrie propre était redevenue
stérile, mais on vantait encore en Orient les céréales
et les fruits de la Babylonie.

Malgré les progrès de l'agriculture, les pâturages
restèrent toujours nombreux, surtout dans la Mésopotamie septentrionale : les moutons y étaient renommés
pour leur laine et les bas-reliefs qui nous représentent
des animaux domestiques, témoignent qu'au contraire
des Égyptiens , les Assyriens employaient , dès les
temps reculés, le chameau comme monture.

1. Rawlinson. *The five great Monarchies*, II, p. 181-183.

VIII. — Industrie et usages. — Commerce.

Jusqu'ici nous ne possédons que des renseignements assez restreints sur l'industrie chaldéenne ou du moins sur ses procédés de fabrication. Les bas-reliefs nous permettent de constater qu'elle était florissante. A en juger par le costume, l'industrie des tissus était très développée. Il se composait d'une longue robe, ouverte de côté et plus ou moins ornée, suivant le rang, de glands, de torsades*, de broderies et de *bijoux*. Les *broderies assyriennes* étaient célèbres dans tout l'Orient.

Les petits *cylindres gravés*, trouvés dans les fouilles, et dont les sujets, symboliques en général, sont souvent obscurs pour nous, attestent une rare habileté de main.

Les Chaldéo-Assyriens excellèrent dans l'*industrie des métaux* et dans la *céramique émaillée :* le sol fournissait en abondance la matière première.

Il n'en était pas de même pour l'*industrie du bâtiment :* la pénurie* des matériaux de construction dans la Mésopotamie, qui ne possède pas de carrières et où les arbres sont rares, rendit ses peuples ingénieux à utiliser les arbustes et leur fit imaginer la brique.*

Les monuments ne nous représentent guère que des *meubles de luxe* appartenant aux rois : ils étaient faits de bois précieux, avec des incrustations diverses. Un bas-relief de Koyundjik nous montre le roi Assour-akhè-iddin prenant son repas, étendu sur un *lit de repos*, près duquel est une *table*, petite, mais très élégante : au pied du lit est la reine, assise sur un *siège* assez élevé pour rendre un *tabouret* agréable. L'usage du lit pendant les repas n'était pas général ; mais celui des siéges élevés était ordinaire et le tabouret devenait indispensable.

Dans les repas royaux, le gibier tenait une large place. Essentiellement guerrier, le peuple assyrien aimait tout ce qui lui rappelait le combat : la *chasse*, surtout, avec ses fatigues, ses embuscades, ses luttes souvent mortelles.

L'habileté des chasseurs assyriens était fameuse. Toutefois les inscriptions nous rapportent des exploits cynégétiques * tellement extraordinaires, qu'ils ne s'expliqueraient pas, même par l'adresse obligée des rois, si certains bas-reliefs ne nous révélaient l'existence de *parcs à gibier* * : l'usage en existait en Egypte avant d'être perfectionné en Assyrie. (Voir fig. page 118).

Si l'on considère combien les anciennes coutumes se sont conservées en Asie, on peut supposer que les grandes chasses assyriennes ressemblaient beaucoup à celles des rois perses contemporains. Un corps d'armée se répandait dans la plaine et traquait les bêtes fauves, tandis que le prince, confortablement défendu par une solide palissade, les tuait à loisir et sans danger.

Le commerce en Assyrie prit un grand développement, grâce à la Chaldée. Bab-Ilou, en communication naturelle avec la Haute-Asie et située à peu de distance de la mer, fut de bonne heure l'entrepôt du commerce asiatique.

Elle entretenait des relations actives avec l'Arménie, qui lui envoyait des vins ; avec l'Inde, qui lui fournissait des pierres précieuses et des chiens estimés ; avec l'Arabie, l'Ethiopie et l'Egypte, d'où elle tirait des parfums, des épices, de l'or, de l'ivoire, de l'ébène.

Elle exportait à son tour dans les pays étrangers tous les produits de l'industrie chaldéo-assyrienne, au moyen de ses caravanes, de ses flottes et de ses flottilles sur l'Euphrate et le Tigre réunis par de nombreux canaux et canalisés eux-mêmes.

Hérodote décrit les barques portatives qui sillonnaient les fleuves. « Elles sont rondes, dit-il, et toutes de cuir... doublées en dedans de roseaux. Leur char-

BARQUE ASSYRIENNE POUR LE TRANSPORT DES POUTRES.
(Bas-relief du Louvre.)

gement consiste en marchandises diverses.... » Deux hommes suffisaient pour les manœuvrer.

Les bas-reliefs nous montrent des embarcations un peu plus grandes et dont la forme est fort curieuse : l'avant représente une tête de cheval ; l'arrière se termine par une queue de poisson et les deux extrémités se relèvent à une égale hauteur : ces bateaux servaient au transport des poutres.

IX. - Littérature.

Sous l'influence de la Chaldée, et probablement de l'Égypte, l'Assyrie eut une littérature.

Les Inscriptions* monumentales, malgré la sauvagerie dont elles sont empreintes, nous content dans un fier langage, l'épopée de la conquête ; on y rencontrerait d'admirables hymnes à la divinité.

Nous possédons d'autres richesses. On a retrouvé à Koyundjik environ dix mille fragments de briques couvertes d'inscriptions ; ce sont les débris d'une immense bibliothèque formée par Assour-ban-habal. Il est déjà possible d'apprécier sa nature et son importance. Elle renferme des hymnes religieux, des poèmes épiques *, des travaux de législation, des documents administratifs, des traités d'histoire naturelle, de mathématiques, d'astronomie ; des grammaires, des dictionnaires « qui nous initient non seulement aux difficultés de la langue et de l'écriture assyriennes, mais encore aux mystères d'une langue antérieure à l'assyrien et qui peut être regardée comme une langue morte au moment où l'assyrien que nous étudions aujourd'hui était parlé par les sujets d'Assour-ban-habal. Il y a là tout un avenir réservé aux investigations * de la science et qui permet d'espérer que cette grande civilisation sera comprise jusque dans les moindres détails [1] ».

1. Ménant, *Annales.* p. 151.

HÉBREUX ET PHÉNICIENS

CHAPITRE XI

I. Importance historique des Hébreux et des Phéniciens dans l'histoire d'Orient. — II. Formation de ces deux peuples : les deux migrations Sémite et Koushite. — III. Les Hébreux en Egypte ; l'Exode. — IV. L'œuvre de Moïse. — V. Géographie de la Palestine.

I. — Importance historique des Hébreux et des Phéniciens dans l'histoire d'Orient.

L'histoire d'Orient, jusqu'en 536, est celle des trois empires d'Egypte, d'Assyrie et de Chaldée. Parmi les états secondaires, les plus importants sont la Judée et la Phénicie.

Le rôle joué par les Hébreux et les Phéniciens, dans le monde oriental est presque nul, si l'on ne considère que l'influence politique et les changements territoriaux; il est considérable à d'autres égards; au point de vue religieux pour les Hébreux, au point de vue commercial pour les Phéniciens.

II. — Formation de ces deux peuples : les deux migrations Sémite et Koushite.

Les ancêtres des Hébreux et des Phéniciens étaient originairement établis en Chaldée; ceux des Hébreux faisaient partie du groupe Sémite; ceux des Phéniciens du groupe Koushite. Il arriva, vers 2880 (??) que de grands mouvements de populations dans l'Asie orientale déterminèrent diverses migrations.

Tharé, l'ancêtre mythique* des Hébreux, quitta Our, en Chaldée, pour aller s'établir près de Harran, en Mésopotamie, et bientôt après, une partie du peuple qui l'avait accompagné franchit l'Euphrate, sous la direction d'un chef appelé *Abram*, atteignit la Syrie, la traversa du nord au sud et vint s'établir aux environs d'Hébron.

Dès lors les *Aberiou*[1], ou gens au delà du fleuve, forment un peuple distinct. Quelques tribus formèrent, à l'est du Jourdain et de la mer Morte, les *Moabites* et les *Ammonites*; d'autres s'enfoncèrent dans le désert méridional, et formèrent les *Iduméens*. Quant à *Abram* (père élevé), béni de Dieu qui le nomma *Abraham* (père de la Multitude)[2], il vécut avec les siens d'une vie errante : tantôt dans la vallée d'Hébron, tantôt en Egypte. Ses descendants reçurent le nom célèbre de Beni-Israël, et devinrent la souche du peuple juif.

1. Le mot *Hébreu* vient d'*Aberiou*.
2. C'est la tradition biblique.

Vers le même temps que Tharé quittait la Chaldée,
les *Koushites* maritimes, établis sur les bords du golfe
Persique, abandonnaient leurs sanctuaires de Tyr et
d'Arad, et s'en allaient, par le chemin actuel des caravanes, fonder de nouveaux établissements du même
nom sur le littoral de la Méditerranée. Ces Koushites
devinrent les *Phéniciens*, du nom national d'une de
leurs tribus, les *Pœni*[*] ; ce sont aussi les Chananéens de
la Bible ; ce sont encore les Pasteurs, les Shous des
monuments égyptiens.

III. — **Les Hébreux en Egypte. L'exode.**

Les Hébreux, restés nomades, abandonnèrent un
jour la vallée d'Hébron et allèrent s'établir dans le
Delta, dont ils connaissaient le chemin depuis Abraham.
On sait pour quelle raison le roi pasteur Apapi permit
au patriarche Jacob de s'établir au pays de Goshen,
entre la branche sébennytique du Nil et le désert[1].

Après l'expulsion des Hiq-Shous, la situation des
Hébreux devint intolérable. Persécutés impitoyable-
ment par les Egyptiens, ils ne tardèrent pas à regretter
le temps des pharaons « *qui connaissaient Joseph* ».

Moïse les fit sortir d'Egypte. Pour éviter les forteresses de l'Isthme, il passa à gué un bras de la mer
Rouge, ce qui était possible, la science l'a démontré, à
marée basse. A marée haute, la mer put combattre
avec les Hébreux pour repousser dans les flots l'armée
du Pharaon.

L'exode eut lieu très probablement vers la fin du

____

1. Cf. *supra*, p. 25.

règne de Seti II, quand l'Egypte, désorganisée à l'intérieur et assaillie de tous côtés par ses voisins, était impuissante à empêcher le départ de trois millions d'individus[1].

IV. — L'œuvre de Moïse.

Moïse, parvenu au mont Sinaï, promulgua dix articles de loi destinés à restaurer la croyance au Dieu unique altérée en Egypte. Mais tous les efforts du législateur échouèrent contre cette génération corrompue et dégénérée qui était née dans l'esclavage. Craignant avec raison de ne pouvoir avec elle conquérir la *Terre promise*, défendue par des tribus chananéennes encore belliqueuses, il força les Hébreux à vivre quarante années au désert. Pendant ce temps, le peuple s'exerça sans cesse au métier des armes et s'habitua à la liberté : une génération nouvelle grandit, qui n'avait pas connu la servitude et qu'aguerrit chaque jour une vie de privations et de fatigues.

Le peuple hébreux se divisait alors en douze *tribus*, descendant toutes de Jacob et de Joseph ; chaque tribu se partageait en *races*, chaque race en *maisons* : les chefs des maisons, les *anciens*, formaient un conseil souverain. Ces tribus, rapprochées par des liens communs d'origine et par la similitude des mœurs, formaient en réalité autant de petits États distincts, souvent en lutte les uns avec les autres.

Moïse les unit par le culte.

Il restaura et fortifia la croyance au Dieu unique qui chez les Hébreux avait conservé un caractère parti-

1. Cf. *supra*, p. 36, 37, note.

culier : au lieu qu'en Egypte et en Assyrie, la divinité se confondait souvent avec ses manifestations, chez les Hébreux. Dieu était absolument indépendant de son œuvre : le tonnerre, la grêle, l'orage, restaient ses actes.

Moïse renouvela avec la divinité l'ancien pacte d'Abraham, qui faisait des Hébreux le peuple du seul Jehovah et de Jehovah le Dieu des seuls Hébreux. Jehovah devint dès lors le roi invisible des douze tribus, réunies sous son autorité politique et religieuse dans un même sentiment de vénération pour l'unique sanctuaire*, le *tabernacle*. On y plaça l'arche d'alliance, où furent renfermées les tables de la loi. Chaque année, des fêtes solennelles rappelèrent aux Hébreux les grands souvenirs du passé : la *Pâque* (sortie d'Egypte), la *Pentecôte* (promulgation de la loi), la *fête des tentes* (commémoration du séjour dans le désert).

L'œuvre de Moïse ne fut donc pas de créer le culte du Dieu unique, mais le culte d'un Dieu à part, Dieu lui-même d'un peuple à part ; son œuvre enfin fut de faire de ce culte un instrument d'unité et de gouvernement.

La conquête de la Terre promise pouvait commencer.

V. — Géographie de la Palestine.

La Bible appelle *Terre promise*, *Terre de Chanaan*, *Terre d'Israël*, *Judée*, le pays que les Hébreux allaient occuper ; nous l'appelons *Palestine* ; il fut surnommé *Terre sainte* au temps des croisades.

Le pays tout entier se divise en trois régions naturelles, déterminées par la vallée du Jourdain, qui occupe au centre, du nord au sud, la majeure partie de la

Palestine, entre les prolongements du Liban à l'ouest, de l'Anti-Liban à l'est. La chaîne occidentale culmine au *Thabor*, au *Gelboë*, au *Carmel*; la chaîne orientale, au *Nebo*.

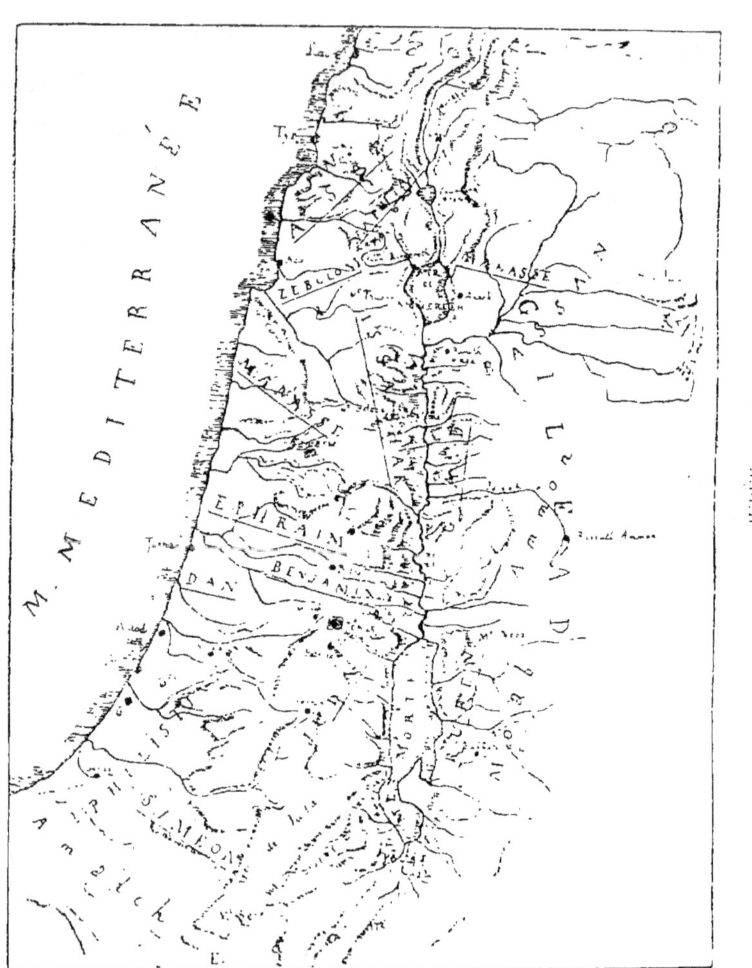

Le *Jourdain*, issu par trois sources du mont *Hermon*, descend directement vers la mer Morte, en formant le lac *Merom* et le lac de *Genezareth*. Autrefois il s'écoulait vers la mer Rouge; une commotion volcanique dont la Bible nous a transmis le souvenir [1], affaissa subitement le sol dans une gorge profonde où le fleuve se perdit.

La contrée de la *mer Morte* appelée ainsi à cause de l'immobilité de ses eaux alourdies par le sel, n'est à vrai dire qu'une mine de sel gemme*, d'asphalte* et d'autres produits chimiques. Les poissons ne vivent pas dans les eaux de la mer Morte, mais l'air est salubre à sa surface et aux environs; partout où jaillissent les sources et coulent les torrents, de riantes oasis égayent le paysage, qui est ailleurs morne et désolé.

La vallée du Jourdain présente trois aspects distincts. Au nord, c'est le charmant pays de Galilée; au centre s'étend la région montagneuse et pittoresque de Samarie et de Jérusalem; au sud, l'aride Idumée se confond avec le désert.

La partie orientale de la Palestine est constituée par un large plateau, d'abord bien arrosé par les affluents du Jourdain, puis desséché et solitaire. On y rencontrait le pays de Bassan au nord et celui d'Ammon au sud; le premier, riche comme aujourd'hui, en pâturages et en forêts.

Enfin la partie occidentale, très resserrée par la mer, renferme un plateau peu étendu et une bande de plaines fertilisée par les torrents, depuis le Carmel jusqu'à Joppé; c'était le chemin de guerre des Egyptiens.

La Palestine, présentant une grande variété d'altitudes, présente aussi une grande variété de climats et de productions parmi lesquelles celles de la vigne, de l'olivier sont surtout lucratives; comme elle offre l'avantage d'être pour l'Afrique le chemin de l'Asie

---

1. Disparition de cinq villes dont Sodome et Gomorrhe étaient les plus célèbres. Genèse, I, xix.

il lui fut toujours facile de faire un actif commerce de transit.

Tel était le pays que les Hébreux, conduits par Moïse, allaient envahir par l'est pour éviter les forteresses de Ramsès III qui commandaient la route de la côte.

CHAPITRE XII

I. La conquête sous Moïse et Josué. — II. L'influence des nations étrangères désorganise le peuple hébreu. Les efforts des Juges, dont le pouvoir est tout local, sont impuissants à faire cesser l'anarchie. — III. Samuel restaure l'œuvre de Moïse. — IV. Établissement de la royauté : Saül. Lutte entre Samuel et Saül. — V. L'empire juif : David ; Salomon. Le schisme. — VI. Anarchie et ruine. — VII. La civilisation hébraïque.

I. — La conquête sous Moïse et Josué.

La Bible raconte que Moïse mourut mystérieusement sur le mont Nébo, après avoir commencé la conquête du pays à l'est du Jourdain et désigné Josué pour la continuer.

Josué franchit le Jourdain et soumit la plus grande partie du pays jusqu'au mont Hermon ; il respecta les places fortes de la côte, et Ramsès III, satisfait de conserver la route de l'Asie, s'inquiéta peu des victoires des Hébreux sur les Chananéens.

Les douze tribus se partagèrent le territoire conquis. La ville de *Shilo*, où l'arche avait été déposée, devint la capitale religieuse et politique du pays entier.

11. — L'influence des nations étrangères désorganise le peuple hébreu. Les efforts des Juges, dont le pouvoir est tout local, sont impuissants à faire cesser l'anarchie.

Tant que vécut la génération de Josué, l'élan de la conquête persista, l'œuvre de Moïse demeura sauve.

Les Hébreux toutefois, malgré leurs 40,000 combattants, n'étaient pas un peuple militaire ; ils se laissèrent séduire par la civilisation brillante des nations qu'ils avaient vaincues, ou dont ils étaient devenus les voisins.

Au nord, la riche Phénicie exerça sur eux une irrésistible influence par sa luxueuse civilisation. Encore souveraine des mers, malgré la rivalité des Grecs dans la mer Egée, inattaquable dans ses forteresses de la côte, elle avait intérêt à ménager les Hébreux, maîtres des grandes routes commerciales entre l'Afrique et l'Asie. Elle les vainquit, moins par ses armes que par son alliance : beaucoup d'Hébreux, admis libéralement à habiter comme colons les territoires phéniciens qu'ils n'avaient pu soumettre, furent aisément transformés en sujets, ou vendus comme esclaves en pays étrangers.

Au centre du pays, les mœurs des Hébreux, leur religion même, subirent de graves atteintes, au contact des populations chananéennes, soumises mais non détruites par Josué. Bientôt le mariage unit les vainqueurs et les vaincus : le culte de Baal remplaça le culte de Jehovah.

Au sud-ouest, la naissance et le développement rapide du peuple philistin menaçaient l'existence des tribus méridionales, que ne cessaient de harceler les Amalécites, les Iduméens et les Moabites.

Les efforts de ces hommes souvent énergiques que la Bible appelle *les Juges* furent impuissants à restaurer l'œuvre de Moïse et de Josué déjà à demi détruite. Leur autorité d'ailleurs était limitée. Il arrivait qu'à bout de patience, une tribu isolée se révoltait contre l'oppresseur étranger. Le chef de cette révolte heureuse, le *Juge*, exerçait pour un temps l'autorité suprême parmi les siens. Son influence s'étendait rarement sur les tribus voisines, jamais sur le pays tout entier.

Les Juges étaient avant tout des hommes de guerre ; ils songeaient peu au rôle de réformateurs. La légende a épuré les caractères de *Gédéon*, d'*Abimelech*, de *Jephtah*. Gédéon s'appelle aussi *Jerou Baal*, celui qui redoute Baal, et il dresse au dieu une idole dans sa ville. Abimélech fait égorger tous ses frères à Sichem, gouverne en tyran et périt dans une émeute. Jephtah avait été chef de brigands avant d'égorger sa fille.

III. — Samuel restaure l'Œuvre de Moïse.

Le salut fut pour les Hébreux dans l'excès du mal. Les Philistins, victorieux au centre même du pays, à Aphek, s'emparèrent de l'arche d'alliance.

Ce fut un grand désastre, une grande douleur. Le prophète * *Samuel* en profita pour ranimer le zèle religieux dans toutes les tribus et pour provoquer un soulèvement non plus local cette fois mais réellement national contre les envahisseurs. Il vainquit les Philistins à Mitspah, refoula les Tyriens au nord et organisa la résistance, en instituant des assemblées religieuses, où toutes les tribus envoyaient des représentants. Le culte de Jehovah restauré, l'unité politique fut rétablie.

IV. — Etablissement de la royauté : Saül. Lutte entre Samuel et Saül.

Samuel, devenu vieux, établit ses fils pour juger Israël. Aussitôt, les dissensions recommencèrent : le danger extérieur reparut. Les Hébreux, sentant la nécessité d'une direction unique pour achever l'affranchissement du pays, résolurent sagement d'imiter les nations voisines et d'avoir un roi. Samuel résista inutilement au vœu général ; du moins se promit-il de choisir un roi qui fût à sa discrétion. Il proclama, dans Guilgal, *Saül* fils de Kis, sur la soumission duquel il croyait pouvoir compter.

Samuel s'était trompé : Saül voulut être le roi des Hébreux et non le serviteur du prophète. Alors commença entre eux une lutte qui dura jusqu'à la mort de Samuel, encore envenimée par la popularité du jeune David, sacré mystérieusement à Bethléem : le prophète n'avait pas reculé devant la guerre civile pour ressaisir le pouvoir.

Ces dissensions favorisèrent les entreprises des Philistins. Vaincu par eux, à Gelboë, Saül se perça lui-même de son épée.

Sa mort ne rétablit pas la paix : pendant que David se faisait reconnaître à Hébron par Juda, Abner, le général de Saül, donnait pour chef au reste de la nation Ithbaal, fils du roi défunt. Au bout de sept ans seulement, la mort de ce prince mit fin à la guerre :

la soumission d'Abner détermina le triomphe de David, qui fut cette fois solennellement couronné à Hébron.

V. — L'empire Juif : David (1049-1008). Salomon (1008-978). Le schisme (978).

A peine maître du trône, David concentra entre ses mains tous les pouvoirs administratifs, judiciaires, militaires, religieux et se choisit une capitale au centre du pays : la ville de Jébus, enlevée aux Chananéens qui s'y étaient jusque-là maintenus indépendants, devint Jérusalem : l'arche d'alliance y fut transportée en grande pompe, sur la colline de Sion, et les Hébreux s'habituèrent vite à voir, dans cette ville, le siège du roi avec celui de Dieu.

Au dehors, David ruina la puissance des Philistins et se fit céder par eux la ville de Gath ; les Moabites, les Edomites, les Ammonites furent contraints de lui payer tribut. Les Hébreux, devenus conquérants sous un prince entreprenant et habile politique, étendirent leur suprématie sur toute la contrée située entre la mer Rouge et l'Euphrate.

Le moment était bien choisi pour intervenir en Syrie : l'Assyrie semblait être en décadence ; l'Egypte s'épuisait dans les dissensions. David voulut constituer l'empire juif entre ces deux états affaiblis[1]. Il parut réussir.

Il échoua : Jehovah était le dieu des Juifs ; il ne pouvait l'être en même temps des Syriens et des Philistins. L'antagonisme des cultes étrangers et du culte hébraïque suffit à entretenir l'antagonisme des peuples

1. Cf. *supra*, p. 88, 94, 97.

vaincus et du peuple vainqueur. L'empire juif resta l'œuvre de la force. Quand le pouvoir central cessa d'être énergique, l'empire juif tomba.

David vécut trop pour sa gloire : la fin de son règne fut attristée par la révolte de son fils Absalon. Il abdiqua en faveur de Salomon, qui n'était pas l'héritier légitime.

Salomon s'assura le pouvoir en faisant assassiner son frère Adonijah ; puis il régna en paix.

Le commencement de son règne marque l'apogée de l'empire Juif : la population s'accroît ; les frontières sont respectées ; le commerce est florissant. Salomon resserrait habilement son alliance avec la Phénicie, avec le pharaon dont il épousait la fille ; il protégeait les caravanes, en fondant Tadmor[1] au désert, sur le chemin de la Mésopotamie ; une flotte, construite à Etsiôngaber par les Phéniciens et montée par eux, faisait le trafic avec le pays d'Ophir[2] ; l'administration des finances transformée doublait les revenus du roi qui les employait à augmenter la puissance de son royaume et la beauté de Jérusalem : il y construisait le temple, sur l'emplacement choisi par David[3]. Enfin sa

1. La ville de Palmyre s'éleva plus tard sur l'emplacement de Tadmor : ses ruines romaines ont été découvertes en 1691 par des habitants d'Alep.

2. Il n'est pas prouvé que le pays d'Ophir ait été l'Inde. Il s'agit certainement de terres baignées par l'océan Indien.

3. Le temple de Salomon s'élevait sur le mont Moriah : les archéologues en ont déterminé l'emplacement et retrouvé les (vestiges. Il se composait de trois parties : le *Saint des saints* (*debir*), et le *Saint kekal*, qui avaient ensemble 60 coudées de long, 20 de large, 30 de haut ; et le *vestibule aoulem*, qui présentait la même largeur, mais, comme les pylônes[*] égyptiens, dépassait, au moins du double, l'élévation du monument proprement dit. Autour du temple s'étendaient les *parvis* ornés de portiques et divisés en sections diverses pour les prêtres, les Israélites, les femmes et les étrangers. Le bois de cèdre, l'or, le

cour était fréquentée par une foule d'artistes et de
poètes dont il était le plus illustre ; la sagesse de
Salomon, c'est-à-dire sa science, est restée célèbre ;
mais ses nombreux ouvrages sont perdus pour nous.

Salomon, vers la fin de son règne, vit diminuer sa
popularité. La facilité avec laquelle il accueillait les
cultes étrangers, tout en maintenant le culte de
Jéhovah, ses intelligents efforts pour mettre les Hébreux en relation avec les peuples voisins, scanda-
lisèrent les prêtres, gardiens intéressés du pacte conclu
autrefois avec Dieu pour isoler la Judée. Cet isolement,
nécessaire peut-être, au temps de Moïse et de Josué,
quand l'unité de la nation était mal assurée, devenait
inutile et même dangereux au temps de David et de
Salomon. Les Juifs, alors en pleine possession de leur
génie natif, n'avaient plus à redouter l'influence ab-
sorbante des Phéniciens, des Syriens ou des Egyptiens.
Ils gagnaient au contraire à leur alliance de pouvoir
résister à l'Assyrie.

bronze faisaient le fond de l'ornementation intérieure. Dans le
Saint des saints où le grand prêtre seul pouvait pénétrer une
fois par an, le jour des Expiations solennelles, deux figures symboliques, appelées *Chérubins* (*keroubin*), ombrageaient de leurs
ailes l'arche d'alliance : à en juger par les descriptions antiques,
elles offraient une ressemblance saisissante avec les sphinx
égyptiens ou les taureaux assyriens à face humaine.

Salomon, activement secondé par l'architecte tyrien Hiram,
put achever son œuvre, en l'an 1004. Incendié par les Chaldéens,
relevé par Zorobabel, reconstruit magnifiquement par Hérode
le Grand, le temple de Jérusalem fut détruit par Titus, 70 après
Jésus-Christ.

Pour donner au petit peuple hébreu ses véritables proportions
dans l'histoire ancienne de l'Orient, il faut nécessairement le
placer entre ses voisins les Egyptiens et les Assyriens. Pour
juger l'œuvre de Salomon, il faut la rapprocher des édifices
grandioses de Karnaq, d'Ipsamboul et de Ninive.

(Lire : Bible : Rois, III, c. VI ; Paralipomènes, II, c. III; Josèphe,
Antiquités jud., VIII ; *Guerre des Juifs*, V ; Saulcy, *Dictionnaire
des antiquités bibliques*; De Vogüé, *Temple de Jérusalem*.)

C'est ce qu'avait compris Salomon, et il ne fut peut-être pas le seul à comprendre. Les prêtres ne se résignèrent pas à la tolérance : pour eux la tolérance, c'était la diminution de leur crédit, par la concurrence des cultes étrangers : ils préférèrent démembrer le pays.

A leur instigation, dix tribus mirent à leur tête Jéroboam, fils de Nebat. Jéroboam, dont la vie était menacée, s'enfuit en Egypte, mais à la mort de Salomon, 978, un schisme éclata : toutes les tribus du nord et de l'est, les Philistins, Moab et Ammon proclamèrent Jéroboam, roi d'Israël. Il ne resta au fils de Salomon, Roboam, que Juda et Benjamin, dont la population était, il est vrai, plus homogène* que celle d'Israël.

La révolution parut d'abord fortifier à Jérusalem le pouvoir des prêtres : leur triomphe dura peu : Jéroboam, pour s'affranchir de la prééminence religieuse que la possession du temple assurait encore à Roboam, installa des idoles à Dan et à Bethel. Le coup d'Etat de 978 n'eut donc pas seulement pour résultat le démembrement de la Judée, il amena la destruction de l'unité religieuse, sacrifiée par les défenseurs du culte aux intérêts de leur domination.

Quant aux conquêtes de David, les rois de Damas en héritèrent.

VI. — **Anarchie et ruine. La captivité. le retour.**

Depuis 978, Jérusalem et Samarie, la nouvelle capitale d'Israël, bientôt fondée par Omri, sont le théâtre de sanglantes révolutions qui hâtent la décadence et préparent la ruine définitive.

A l'extérieur, l'existence des états juifs est liée étroitement à celle de l'Egypte, de la Syrie, de Ninive et de Bab-Ilou. On a vu comment l'Assyrie renversa successivement tous les obstacles qui la séparaient de la vallée du Nil.

Achab, roi d'Israël, sut grouper autour de lui les rois de Damas et de Tyr. Mais les tardifs efforts des prophètes furent impuissants à faire cesser la guerre civile. Un des généraux d'Israël, Jéhu, s'empara violemment

JÉHU S'HUMILIANT DEVANT SALMAN-ASAR II. (Musée britannique).

du trône et ne réussit à le garder qu'en prêtant hommage à Salman-asar II.

Bientôt le roi de Juda, Akhaz, dans sa haine contre Israël, invoqua, pour la satisfaire, l'appui de Touklat-habal-asar II.

Touklat ne se fit pas attendre : il ruina Damas (732) et se fit payer tribut par les royaumes juifs. En 724, Saryoukin s'empara de Samarie et la détruisit.

Les années suivantes furent douloureuses pour les Juifs ; c'était l'époque des expéditions assyriennes en Egypte. Juda fut saccagé plusieurs fois ; la moindre résistance amenait de terribles représailles ; celle d'Hizkiah (Ézéchias) provoqua la dévastation du pays par Sin-akhè-irib.

L'échec de ce prince en Egypte, la prise de Ninive par les Mèdes, 625, valurent aux Hébreux quelque répit dont ils ne profitèrent que pour renouveler leurs dissensions. Pour comble de folie, le roi Joshiah crut possible d'arrêter le roi Neko II. On a vu comment il fut vaincu et tué à Mageddo ; comment Neko lui-même fut vaincu par Nabou-koudour-oussour à Karkhémish ; comment enfin le conquérant chaldéen détruisit Jérusalem, dont il emmena la population à Bab-Ilou, 588[1].

La chûte de la ville de David aurait peut-être passé inaperçue dans l'histoire d'Orient, si un grand poète, Jérémiah, ne l'avait immortalisée dans ses *Lamentations*. Les admirables psaumes d'Ezéchiel et de Daniel nous montrent les exilés à Bab-Ilou, gardant vivace dans leur cœur le souvenir de Jérusalem.

En 536, le roi Kyros permit aux Hébreux de retourner à Jérusalem et de rebâtir le temple[2] : 42.000 retournèrent en Judée sous les ordres de Zorobabel et du grand prêtre Josué. La reconstruction, retardée longtemps par le mauvais vouloir des Samaritains[3] ne fut achevée qu'en 515.

En 458, sous le règne d'Artaxerxès Longue main, Esdras, sacrificateur parmi les Israélites restés en Chaldée, rapatria 1.500 hommes, avec leurs femmes et leurs enfants. Il réorganisa les tribunaux et restaura le culte primitif.

Enfin en 445, un échanson d'Artaxerxès, le juif Néhémiah, obtint du roi la permission de relever les murailles de Jérusalem, qu'il protégea ainsi contre les incursions des nomades.

1. Cf., *supra*. p. 103.
2. Cf., *infra*. p. 167. Ce n'était pas une faveur spéciale.
3. La haine des Samaritains contre Jérusalem avait survécu à la ruine de Samarie

Dès lors les Juifs vécurent en paix, sous la domination perse, jusqu'en 332; ils tombèrent alors pour deux cents ans sous la domination macédonienne (332-143).

VII. — Civilisation hébraïque.

L'histoire des Hébreux n'est qu'un épisode de l'histoire d'Orient. Leur nom est dédaigneusement confondu dans les inscriptions assyriennes au milieu de la foule des vaincus obscurs.

Moïse réussit cependant à en faire un peuple original; il ne parvint pas toujours à adoucir par sa législation la barbarie de leurs coutumes et la rudesse de leur caractère. Il ne put supprimer la terrible formule : OEil pour œil, dent pour dent, main pour main, pied pour pied : il en atténua seulement la violence par la création des villes de refuge où les malheureux, menacés par une vengeance privée, allaient attendre leur condamnation ou leur acquittement juridique.

Seul des législateurs antiques, Moïse osa proscrire l'esclavage; c'est là une gloire immortelle. L'esclavage était pour lui la punition limitée d'un crime, l'acquittement à terme d'une dette; il ne pouvait dépasser six ans que si l'esclave lui-même refusait la liberté; l'esclave n'était plus dans ce cas qu'un serviteur lié par un contrat; le maître meurtrier de son esclave était puni de mort; l'esclave, blessé par son maître, devenait libre de droit. Ces dispositions de la loi ne concernaient que les seuls Hébreux; la loi mosaïque recommandait encore la charité envers les étrangers : « *Que l'étranger soit chez vous comme l'indigène, disait-elle, et vous l'aimerez comme un frère, car vous aussi, vous avez été étrangers, sur la terre d'Égypte.* »

La législation de Moïse, malgré des parties admirables, mérite le même reproche que la réforme religieuse. Elle isole les Hébreux des autres peuples. Moïse interdit l'esclavage; mais il autorise l'usage d'esclaves étrangers; il défend au prêteur d'exiger un intérêt de son argent, quand le débiteur est israélite; mais il n'en limite même pas le taux, s'il s'agit d'un débiteur étranger. Ainsi, au point de vue religieux, législatif et commercial, Moïse fit du peuple hébreu une sorte de caste dans l'humanité, sauf le cas cependant où l'humanité se convertirait à la religion mosaïque.

Pour les arts, les sciences, l'industrie, les Hébreux restèrent bien loin des autres peuples orientaux. Ils se sont placés au premier rang par leurs poésies lyriques: la Bible reste aujourd'hui un livre unique.

CHAPITRE XIII

I. — ÉTENDUE DE LA PHÉNICIE ; ASPECT DU SOL ; MŒURS TOUTES MARITIMES ; GOUVERNEMENT. — II. DOUBLE POINT DE VUE DE L'HISTOIRE DE LA PHÉNICIE. — III. RAPPORTS DES PHÉNICIENS AVEC LES AUTRES PEUPLES ORIENTAUX. — IV. LA COLONISATION PHÉNICIENNE. — V. LE COMMERCE ; L'INDUSTRIE. — VI. ŒUVRE DES PHÉNICIENS DANS L'HISTOIRE DE LA CIVILISATION.

I. — Etendue de la Phénicie : aspect du sol ; mœurs toutes maritimes : gouvernement.

Des trois groupes de la migration koushite [1], celui des Phéniciens est le plus célèbre : il donna naissance à un peuple, petit par le nombre et la puissance territoriale, très grand par l'audace de ses navigateurs et son génie commercial.

Le pays qui couvrit de ses comptoirs les rivages et les îles de la Méditerranée avait cinquante lieues de long et dix de large sur l'étroit littoral qui s'étend au pied du Liban.

Au nord, la dernière ville phénicienne était Arad ; au sud, le promontoire formé par le mont Carmel séparait la Phénicie de la Judée.

1. Cf., *supra*, p. 126. 127.

Les premières pentes du Liban émergent de la mer et ne laissent à la culture que d'étroites vallées, arrosées par des torrents. Les Phéniciens avaient tiré de ce sol ingrat tout ce qu'il pouvait donner. Les immenses forêts de pins, de palmiers, de cèdres, de cyprès, qui couvraient la montagne, protégaient heureusement les sources contre la sécheresse de l'été, et l'industrie des habitants la combattait encore en creusant des puits et des citernes.

La petitesse de la Phénicie, l'insuffisance de ses ressources auraient tourné les habitants vers la mer si leur goût naturel et traditionnel ne les y avait ramenés : les Koushites maritimes du golfe Persique, après la migration, se retrouvèrent gens de mer sur les bords de la Méditerranée.

Partout où les contre-forts du Liban projettent dans les flots des pointes ou des caps et forment des ports naturels, les Phéniciens bâtirent des villes, auxquelles la montagne fournissait du bois en abondance pour la construction des vaisseaux. *Sidon, Tyr, Biblos, Arad* furent les principales de ces villes, nids de pirates d'abord, entrepôts de commerce bientôt.

Il y avait entre elles des liens très étroits d'origine et de religion, de mœurs et de langage, d'intérêt et de commerce; néanmoins, on ne peut dire que la Phénicie ait formé un seul Etat. Elle se composait d'autant de petits Etats qu'il y avait de villes: chacune d'elles conservait son gouvernement particulier et ses dynasties royales[1].

En Phénicie, les rois ne furent jamais trop puissants. Un despotisme violent ne pouvait durer chez un peuple

---

1. Le musée du Louvre possède le sarcophage d'un roi tyrien, Esmunazar, donné par le duc de Luynes. Il date du VIe siècle avant Jésus-Christ.

essentiellement commerçant, auquel la liberté était indispensable pour ses entreprises coloniales. Les rois rencontraient vite dans l'aristocratie des négociants une opposition invincible à l'exercice du pouvoir absolu.

II. — Double point de vue de l'histoire de la Phénicie.

La Phénicie fut un pays de marins et de négociants. Cependant elle a tenu sa place parmi les Etats continentaux de l'Orient. De là deux points de vue de son histoire:

1° Rapports de la Phénicie avec l'Egypte, la Judée, l'Assyrie, la Chaldée, la Perse et la Grèce;

2° Son œuvre de colonisation, son commerce, son industrie[1].

III. — Rapports des Phéniciens avec les autres peuples orientaux.

L'histoire des Phéniciens se résume dans celle de Sidon et de Tyr qui obtinrent successivement la prépondérance sur les villes voisines.

Homère * parle des Sidoniens comme d'un peuple puissant par ses richesses, ses arts et son commerce.

Les pharaons de la xviiie dynastie les soumirent sans résistance. Trop intelligente pour entreprendre une lutte inutile, Sidon préféra payer à l'Egypte un tribut peu onéreux pour son opulence : elle gagna à sa prudente soumission de nouveaux débouchés commer-

1. Nous ne connaissons la Phénicie que par le témoignage des peuples anciens : ses inscriptions ont péri. Elles étaient gravées sur des plaques de métal, fixées sur les édifices.

ciaux en Afrique et en Asie. Sa politique fut imitée par les autres villes phéniciennes, sauf par Arad, qui

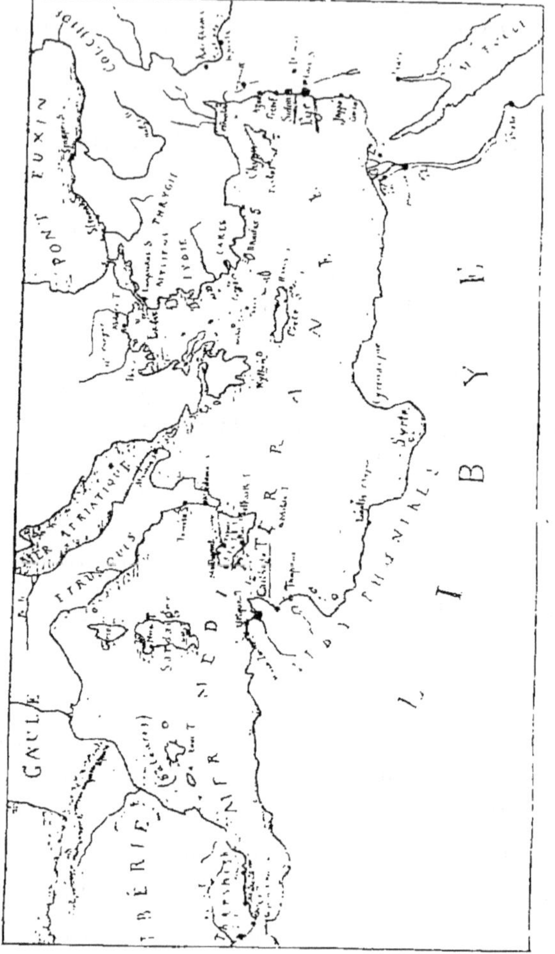

s'allia aux Syriens contre Ramsès III et se fit battre avec eux [1].

Les expéditions maritimes des Sidoniens avaient souvent pour but le pillage: elles attirèrent sur eux de ter-

1. Cf., *supra*, p. 32.

ribles représailles des pirates de la mer Égée, celles des Philistins, qui s'emparèrent de Sidon et la ruinèrent.

Tyr la remplaça. L'Egypte était en décadence; l'Assyrie paraissait affaiblie; les raisons qui avaient permis au royaume hébreu de se développer permirent à Tyr d'atteindre une sorte d'influence continentale. Aucun danger ne la menaçait du côté de l'Asie. David, Salomon étaient les alliés et les admirateurs du roi Hiram I. Après le schisme, le culte phénicien semble même remplacer dans Israël le culte de Jehovah.

La grandeur de Tyr en Syrie dura peu; des révolutions intérieures y mirent fin; l'une d'elles chassa la reine Elissar qui alla fonder en Afrique la ville de Carthage et donner une rivale à la métropole.

Déjà affaibli par les discordes, Tyr acheva sa ruine en soutenant contre l'Assyrie une guerre glorieuse, mais inutile. Elle n'imita pas la sage politique de Sidon avec les princes thébains et refusa le tribut aux conquérants ninivites. Sin-akhè-irib la prit et la saccagea en 700.

Quand Ninive tomba, Tyr parvint à sauvegarder son indépendance contre Bab-Ilou; épuisée par une lutte au-dessus de ses forces, elle se résigna à la domination perse. Pendant les guerres médiques, elle essaya inutilement de reconquérir la prééminence maritime qu'Athènes lui avait enlevée. Plus tard, Alexandre de Macédoine, irrité de sa résistance héroïque, la ruina, 332.

La puissance de la Phénicie tomba avec Tyr; mais on parla longtemps encore de l'industrie et du commerce des Phéniciens.

IV. — **La colonisation phénicienne.**

Le commerce se faisait par terre et par mer. Toutes les routes qui, dans l'antiquité, partaient du Caucase, de l'Inde, de la Bactriane, de la Chaldée et de l'Arabie, aboutissaient à Sidon et à Tyr.

Trop peu nombreux pour vouloir conquérir un empire territorial, les Phéniciens avaient au moins assuré la marche de leurs caravanes par l'établissement de nombreux comptoirs situés presque tous au gué des fleuves, ou au défilé des montagnes : *Laïs*, aux sources du Jourdain, *Hamath*, dans la vallée de l'Oronte ; *Thapsaque*, au gué de l'Euphrate ; *Nisibis*, près des sources du Tigre. Les différents peuples asiatiques, tous intéressés à la prospérité du commerce phénicien, protégeaient en général ces comptoirs *, que la métropole*, seule, Sidon ou Tyr, aurait été impuissante à défendre.

Sur mer, les Phéniciens restèrent longtemps sans rivaux et leurs immenses flottes défendirent victorieusement, pendant des siècles, un empire colonial qui embrassait la Méditerranée tout entière et se continuait sur les rivages de l'Atlantique.

Les explorations phéniciennes furent essentiellement méthodiques : on peut dire que chaque pays découvert fut conquis par une colonie. Après avoir occupé solidement le littoral syrien, les Sidoniens s'emparèrent de *Chypre*, en face de ce littoral, pour se donner un point d'appui en mer.

Ils pouvaient dès lors s'aventurer plus loin. Au nord de l'Oronte, et au sud du torrent d'Égypte, les côtes de l'Asie Mineure et de l'Afrique courent parallèlement

vers l'ouest. Les Sidoniens les longèrent simultané-
ment ; mais au lieu qu'au sud, la jalouse opposition
des pharaons ne leur permit d'établir que des entrepôts* relevant de l'autorité égyptienne ; au nord, ils
purent sans résistance coloniser le littoral de la *Cilicie*,
dont la population sémite n'avait pas d'antipathie
contre eux. Si les Koushites furent moins bien reçus
par les Aryens de la *Lycie*, ils asservirent complètement
les Chamites *Cariens* qui les aidèrent à s'établir dans
les *Sporades*, dans les *Cyclades*, à *Samothrace*, à *Lem-
nos*, à *Thasos*, en *Crète*, à *Cythère*.

La mer Egée conquise, les Sidoniens s'engagèrent
dans l'*Hellespont* et bâtirent sur le littoral *Lampsaque*
et *Abydos* pour garder leur retraite ou favoriser leur
retour ; puis ils accomplirent lentement la circumnavigation du *Pont-Euxin*, élevant des villes sur leur
route, entre autres *Sinope*, remontant les fleuves dont
ils rencontraient les embouchures, pour reconnaître les
ressources commerciales des pays riverains. C'est
ainsi qu'une nouvelle Tyr s'éleva à l'embouchure du
Dnieper et les Sidoniens n'oublièrent plus les grandes
plaines, fertiles en céréales*, de la Scythie Méridionale.

Les Phéniciens étaient maîtres de la Méditerranée
orientale, dont le Pont-Euxin n'est qu'une annexe* ; ils
pouvaient entreprendre la conquête de la Méditerranée
centrale ; explorer les golfes de la *Grèce*, envoyer une
colonie en *Béotie*, couvrir de comptoirs les côtes de
Sicile, d'*Italie*, d'*Illyrie* et construire en Afrique,
loin de la surveillance égyptienne, *Kambè*, sur l'emplacement de la future Carthage.

Au moment de sa chute, Sidon dominait donc jusqu'à la Sicile et l'Italie.

Les Sidoniens étaient surtout des pirates ; les Tyriens
furent surtout des négociants. Ils surent donner à cha-

que colonie nouvelle une vie propre qui lui permit plus tard de survivre à la métropole. Kambè n'était qu'un comptoir ; Sidon déchue, Kambè tomba. *Carthage*, que fonda Tyr, fut plus tard la rivale de Rome (264-146).

Les côtes d'Afrique, celles de la Gaule méridionale se couvrirent de cités tyriennes, bientôt florissantes. *Gadir*, bâtie vers 1100, au sud de l'Ibérie, garda l'issue de la Méditerranée occidentale. Située sur un territoire appelé *Tarshish*, elle prit rapidement une importance considérable grâce à sa situation géographique, au débouché des colonnes d'Hercule* et à l'extrême richesse du pays en mines d'argent. Parvenus à l'extrémité de la grande mer intérieure, devenue véritablement *mer phénicienne*, les Tyriens ne reculèrent pas, comme les contemporains de Colomb, au XVe siècle de notre ère, devant les mystérieux périls de la *mer extérieure :* les colonnes d'Hercule ne marquaient pas pour eux la fin du monde, mais l'entrée d'un monde nouveau.

Pénétrant audacieusement dans l'Océan, ils atteignirent, sans doute, au sud, l'embouchure du *Sénégal*, et connurent les Açores et les Canaries ; au nord, ils découvrirent les îles *Scilly*[1], l'île de *Bretagne*, peut-être la *Baltique*.

Les Tyriens avaient navigué sur l'Atlantique. Dans leurs voyages au *pays d'Ophir* et au *golfe Persique*, ils trouvèrent la route de l'Inde par la mer Rouge. Ils firent plus : un passage précieux d'Hérodote nous autorise à croire qu'ils tentèrent la circumnavigation de l'Afrique, sous le règne de Neko II[2].

« Les Phéniciens, s'étant embarqués sur la mer

1. Appelées par les anciens Cassitérides à cause de leur richesse en étain (kassiteron).
2. Her., Liv. IV, c. XLII.

Rouge, naviguèrent dans la mer Australe. Quand l'automne était venu, ils abordaient à l'endroit de la Libye, où ils se trouvaient et semaient du blé. Ils attendaient le temps de la moisson et, après la récolte, se remettaient en mer.

« Ayant ainsi voyagé pendant deux ans, la troisième année, ils doublèrent les colonnes d'Hercule et revinrent en Egypte. Ils racontèrent à leur retour, qu'en faisant voile autour de la Libye*, il avaient eu le soleil à leur droite, ce qui ne me paraît pas croyable, mais ce qui pourra le paraître à d'autres. C'est ainsi que, pour la première fois, la Libye a été connue. »

La sincère incrédulité d'Hérodote atteste la réalité d'une circonstance, merveilleuse pour les anciens, naturelle pour nous. Les Phéniciens n'avaient pu voir le soleil se lever à leur droite qu'après avoir doublé la pointe méridionale de l'Afrique. Accomplirent-ils le périple entier du continent? Nous devons le supposer; rien ne nous autorise à l'affirmer.

Quand l'affaiblissement de Tyr fit prévoir sa chute, et que les marins eurent trouvé dans les Grecs et les Etrusques* de redoutables rivaux, l'aristocratie tyrienne, émigrée à Carthage, déploya une merveilleuse activité pour sauver, en Occident du moins, les débris de l'empire phénicien [1].

Bientôt *Kiriath-Hadeshat* [2] éclipsa les villes voisines, *Utique, Adrumète, Leptis;* elle conquit la partie méridionale de la Sardaigne et exerça sur les anciennes colonies tyriennes que la métropole ne pouvait plus défendre, un protectorat d'abord, puis une domination

---

1. Cf. Mommsen, *Histoire romaine*, liv. II, c. I.
2. C'est de Kiriath-Hadeshat que les Grecs ont fait: *Karkhedon* et les Romains ont tiré le nom de Carthage de l'appellation vulgaire : Karthada.

absolue. Au delà du détroit de Gadir, un de ses amiraux, Hannon, s'avança le long de la côte africaine jusqu'au golfe appelé aujourd'hui Cherbro, un peu au sud de Sierra-Leone,* accomplissant ainsi en une seule expédition, l'entreprise que les Portugais mirent vingt-huit ans à achever de 1434 à 1462. Un autre explorateur, Himilcon, retrouvait dans ce même temps (vers 509?) le chemin des mers du nord.

V. — **Le commerce; l'industrie.**

La plus grande extension du commerce phénicien peut être placée sous les règnes des rois tyriens, Hiram I et Ithobaal. Tyr concentre alors entre ses murs les richesses du monde entier.

Les caravanes lui apportaient l'or des monts Altaï* et les produits de l'Inde. Chypre lui fournissait du *cuivre*. En le mélangeant avec l'*étain* que ses marins récoltaient dans toute la Méditerranée et qu'ils allaient exploiter en grand dans les Cassitérides, elle fabriquait le *bronze*. Les îles de la mer Egée lui donnaient le *fer*, le *soufre*, l'*alun :* le mont Pangée* en Thrace, la Bithynie*, le Caucase, le fameux pays de Tarshish, produisaient en abondance l'or, le *plomb*, l'*argent :* partout, dans la Méditerranée, les Tyriens récoltaient le coquillage dont ils tiraient la *pourpre :* une de leurs manufactures les plus importantes était à Cythère*. En Afrique, ils trouvaient l'*ivoire :* en Arabie, les *parfums :* dans le Liban, les *bois de construction ;* les *bois de luxe* leur venaient de l'Inde avec les *épices* et les *pierres précieuses*. En un mot, à chaque pays ils prenaient ses richesses : *blés, vins, laines, bêtes de trait, chevaux de guerre* et produits fabriqués, comme les *étoffes* de Babylonie et les *pa-*

pyrus de l'Egypte. Enfin, les Tyriens, comme les Sidoniens, pratiquaient *le commerce d'esclaves.*

L'industrie des Phéniciens n'était pas moins active
que leur commerce; mais à part celle du *bronze** et celle
de la pourpre* dont ils sont peut-être les créateurs en
Orient, ils cherchèrent moins à inventer qu'à imiter
parfaitement les industries originales des Egyptiens,
des Assyriens et des Babyloniens. Tyr était comme un
gigantesque magasin dans lequel se trouvaient réunies
toutes les denrées de première nécessité et tous les
objets de luxe. Dans un temps, chaque peuple du monde
s'y fournit.

VI. — Œuvre des Phéniciens dans l'histoire de la civilisation.

Ce rapide tableau de la colonisation, du commerce
et de l'industrie des Phéniciens, permet de juger combien ce petit peuple joua un grand rôle dans l'histoire
de la civilisation.

Son influence fut quelquefois nuisible : la religion
de Sidon et de Tyr, simple et brutale adoration des
forces de la nature, plut en général aux peuples méditerranéens encore barbares, par sa bassesse même;
ses superstitions raffinées égaraient l'ignorance. Les
Sidoniens, les Tyriens faisaient un immense trafic
d'idoles, d'amulettes, et leurs pirateries, leur commerce d'esclaves expliquent assez la haine des anciens
contre eux sans qu'il soit utile de rappeler la jalousie
des écrivains grecs qui ne pardonnaient pas aux Phéniciens d'avoir créé la science du négoce.

Ce peuple, si bien doué à beaucoup d'égards, n'eut

peut-être pas de beaux-arts ; on n'a retrouvé aucune statue phénicienne ; la grossièreté de leurs petites statuettes d'idoles atteste une absence presque complète de sentiment plastique ; la forme en reste rudimentaire et l'expression est grotesque ou répugnante [1].

Les seuls monuments que nous ait laissés la Phénicie sont des tombeaux. Les plus anciens paraissent être des excavations naturelles ou creusées artificiellement dans le rocher même.

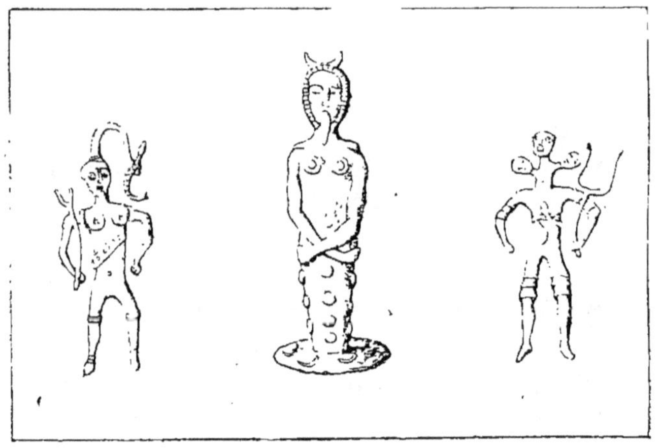

IDOLES PHÉNICIENNES. — Musée de Cagliari.

« Les caveaux, sont de styles divers ; on peut les « ranger en trois classes : 1° caveaux rectangulaires.

1. Baal était le grand dieu des Phéniciens, les Juifs le considéraient comme le grand ennemi de Jehovah.

Il est figuré ici avec une coiffure terminée par une trompe qui tient un serpent ; il porte un sceptre dans une main, et un œuf dans l'autre.

La figure du milieu représente Astarté ; sa tête est surmontée du croissant de la lune (?).

La divinité à trois têtes personnifie à la fois les trois grands dieux phéniciens : Baal, Astarté, Melkarth*. La ceinture est formée de trois serpents.

« s'ouvrant à la surface du sol par un puits de 3
« ou 4 mètres de long sur 1 ou 2 mètres de large :
« au bas des petites faces de ce puits, s'ouvrent deux
« portes, rectangulaires aussi, de la même largeur
« que la petite face, donnant entrée à deux chambres
« encore rectangulaires, où étaient les sarcophages*.

« 2° Caveaux en voûte, offrant des niches latérales
« pour les sarcophages, et dans le haut, des soupiraux
« ronds, creusés à la tarière *.

« 3° Des caveaux peints et décorés selon le goût de
« l'époque romaine, avec des inscriptions grecques [1].»

Malgré la barbarie de leur religion et de leurs
arts les Phéniciens ont accompli une œuvre immortelle : on peut dire que dans des siècles où les peuples
méditerranéens vivaient isolés les uns des autres, les
colonies phéniciennes furent entre eux des liens que
resserraient journellement les nécessités du commerce.
Chaque colonie devint une sorte d'école industrielle où
les barbares apprirent à se civiliser et la chute même
de l'empire phénicien atteste les services qu'il avait
rendus à la civilisation, en faisant les peuples capables
d'exploiter eux-mêmes les ressources de leur pays.

Enfin, malgré le caractère essentiellement commercial et pratique de leur génie, ils hâtèrent le perfec-
tionnement des langues et le progrès des œuvres de
l'esprit, en colportant à travers le monde ancien
leur fameux alphabet [2].

« Les Assyriens s'étaient arrêtés au syllabisme*; les
Egyptiens avaient trouvé la forme alphabétique* sans
pouvoir se débarrasser du syllabisme et du symbo-
lisme*, les Phéniciens inventèrent l'alphabet propre-

---

1. Renan, *Mission en Phénicie.*
2. Ils se le sont appropriés, mais rien ne prouve qu'ils l'aient
imaginé. Cf., Mommsen, *Histoire romaine,* p. 189.

ment dit. Il fut la souche commune d'où se déta-
chèrent tous les alphabets du monde, depuis l'Inde et
la Mongolie * jusqu'à la Gaule et l'Espagne[1]. » Ce pro-

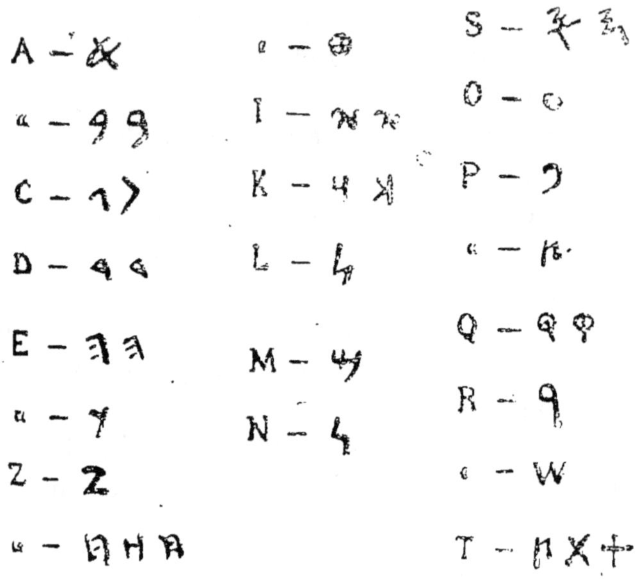

digieux résultat de la colonisation phénicienne suffirait
à donner une idée de son immensité.

1. Maspero. *Histoire ancienne*, p. 599 et 601.

MÈDES ET PERSES

CHAPITRE XIV

I. — Zoroastre. Schisme religieux (?).

Pendant que l'Egypte et l'Assyrie dominaient dans l'Asie occidentale; pendant que Tyr, complétant l'œuvre de Sidon, faisait de la Méditerranée une mer phénicienne, deux peuples se développaient solitairement au centre de l'Asie. C'étaient des Japhétides [1]

1. Cf., *supra,* p. 2.

demeurés en Bactriane*, tandis que leurs frères d'origine exploraient au loin l'Europe.

La réforme religieuse de Zoroastre [1] détermina peut-être la migration des Aryas.

Zoroastre vivait environ mille ans avant Moïse, deux mille à deux mille cinq cents ans avant notre ère*. S'il est impossible de dégager sa vie des légendes innombrables qui la dénaturent, nous pouvons juger sa doctrine, le *mazdéisme*, c'est-à-dire la *science universelle*, qu'il transmit aux hommes pour être « *leur loi et réforme* »; tel est le sens du mot *Zend-Avesta*.

Le Zend-Avesta est le recueil des prescriptions religieuses et sociales attribuées au législateur: postérieur à Zoroastre, il est assez ancien pour nous rendre le véritable esprit de son enseignement et les fragments parvenus jusqu'à nous sont assez nombreux pour nous permettre de connaître cet enseignement dans ses traits essentiels.

Zoroastre, bien avant Moïse, eut cette haute raison de distinguer nettement le Dieu créateur de sa création. Ce Dieu unique, c'est *Aouramazda** (Ormuzd), qui n'a pas été créé, qui est éternel. « *lumineux, resplendissant, très intelligent et très beau, éminent en pureté, qui possède la bonne science, lui qui nous a créés, qui nous a formés, qui nous a nourris.* » Aouramazda a accompli la création par sa « *Parole* », le *verbe* créateur dont parle Moïse. Il a dit, lui aussi, en d'autres termes : que la lumière soit!

Zoroastre, ne pouvant s'expliquer l'existence du mal dans la création d'un être essentiellement bon, en fait, un Dieu. Il atténue son erreur, en n'en faisant pas un dieu éternel : Un jour viendra où *Angrô Maïnyous*

---

1. Le vrai nom est Zarathoustra, qui peut signifier: la splendeur.

(Ahriman) disparaîtra de ce monde expulsé par la bienfaisante puissance d'Aouramazda qui achèvera ainsi sa création, dès lors véritablement parfaite.

Zoroastre ne convertit qu'une partie des Aryas. Un schisme religieux se produisit; il amena deux migrations nouvelles [1] : l'une, dirigée vers l'ouest, se termina sur les plateaux de l'Iran*; l'autre dirigée, vers l'est, déboucha dans le bassin supérieur du Sindh (Indus) après avoir contourné le massif de l'Hindou-Koush*. Les Japhétides des plateaux sont appelés Iraniens* par opposition à ceux de la vallée du Sindh qui retinrent le nom d'Aryas.

II. — Les Mèdes et les Perses. Les magoush.

Les Aryas, sectateurs * de Zoroastre, soumirent facilement la Perse, mais ils ne s'emparèrent de la Médie, où dominait la race touranienne[2], qu'après une lutte acharnée.

Bientôt le mazdéisme se corrompit sous l'influence des *magoush* (mages), qui étaient les prêtres des Touraniens. Au culte du feu s'ajouta celui des trois autres éléments, la terre, l'eau, l'air et la religion des Iraniens ne fut bientôt plus qu'un ensemble de pratiques superstitieuses *. « On ne pouvait offrir le sacrifice ou faire acte de religion en leur absence. Vêtus de longues robes blanches, coiffés de hautes tiares, les mains chargées du faisceau sacré de tamarisque, sans lequel on ne pouvait rien, ils se rendaient en procession aux

---

1. Cette cause de la double migration des Aryas n'est qu'une hypothèse* vraisemblable. adoptée par quelques savants.
2. Cf. *supra*, p. 2.

autels, préparaient la victime, versaient les libations et chantaient les formules mystérieuses qui donnaient à l'offrande toute sa vertu. Ils se vantaient de posséder des facultés surhumaines, d'expliquer et de rendre les oracles, de prédire l'avenir [1]. »

Les noms de Mèdes et de Perses, probablement touraniens, désignèrent les deux peuples nouveaux qu'avaient formés les Aryas vainqueurs et les Touraniens vaincus.

La Médie, séparée de la Caspienne par une chaine de montagnes très élevée, s'étendait sur le haut plateau de l'Iran*. La Perse, au sud de la Médie, renfermait au nord une région montagneuse ; au centre, une plaine fertile ; au sud, un littoral aride et sablonneux. La Médie nourrissait beaucoup de chevaux et les Mèdes étaient bons cavaliers ; les Perses restèrent longtemps d'excellents fantassins.

L'histoire primitive de la Médie n'est encore qu'une légende. On sait cependant aujourd'hui, avec certitude, que les tribus éparses des Mèdes furent assujetties aux Assyriens sous le nom de Madaï ; on sait aussi que vers le milieu du xii° siècle elles se constituèrent en corps de nation, s'affranchirent de l'Assyrie et asservirent les Perses.

III. — L'Empire mède (632?-560?). Kyaxarès. Astyagès.

Le premier roi mède dont le règne appartienne à l'histoire est *Kyaxarès* (vers 632).

A la tête d'une armée redoutable, dont il était le créa-

1. Hérodote, I, 138. Strabon, l. xv, 3. Cf. Maspero, *Hist. anc.*, p. 471-172.

teur, il attaqua Ninive affaiblie par ses victoires. On a
vu comment la chute de cette ville fut retardée par une
invasion des Scythes *. Après l'expulsion des barbares, Kyaxarès, uni au roi de Bab-Ilou, Nabou-pal-oussour, renversa l'empire assyrien, (625)?.

Les vainqueurs se partagèrent leur conquête ; Nabou-
pal-oussour eut les pays du sud ; Kyaxarès s'attribua
ceux du nord ; mais il ne put triompher du roi de Lydie,
Alyattès, auquel il voulait enlever l'Asie Mineure et dut
borner son empire au fleuve Halys*. (Kizil-Irmak[1].)

L'alliance de la Médie, de la Lydie et de la Chaldée,
608, donna pour un temps la paix à l'Asie ; des maria-
ges entre les trois familles royales parurent l'assurer.
Nabou-pal-oussour étant mort, son fils Nabou-Koudour-
oussour resta l'allié du nouveau prince mède *Astyagès*, qui régna trente-cinq ans. Sa capitale, Ecbatane, rivalisa presque de splendeurs avec Bab-Ilou.

Bientôt les Mèdes prirent dans l'oisiveté la passion du
luxe et perdirent leurs rudes vertus. Le prince perse
Kyros n'eut pas de peine à renverser Astyagès et à soumettre la Médie (vers 560).

IV. — L'empire perse. Kyros (560 ?-529 ?).

Kyros était issu de la famille royale des Achéménides, autrefois dépouillée du trône par la conquête

---

1. L'histoire primitive de la Lydie est encore une légende. Les
Lydiens étaient peut-être des Japhétides : mais tant de races
se sont confondues sur le plateau d'Asie Mineure qu'il est
impossible de l'affirmer. Il est certain qu'après de nombreuses
vicissitudes, le royaume lydien était redoutable à l'époque de
Kyaxarès. Les successeurs du fabuleux Gygès, maîtres d'une
partie du littoral, avaient étendu leur domination jusqu'à la
rive gauche de l'Halys *.

mède. Sa victoire fut une représaille. La légende qui
fait de lui le petit-fils d'Astyagès ne repose sur aucun

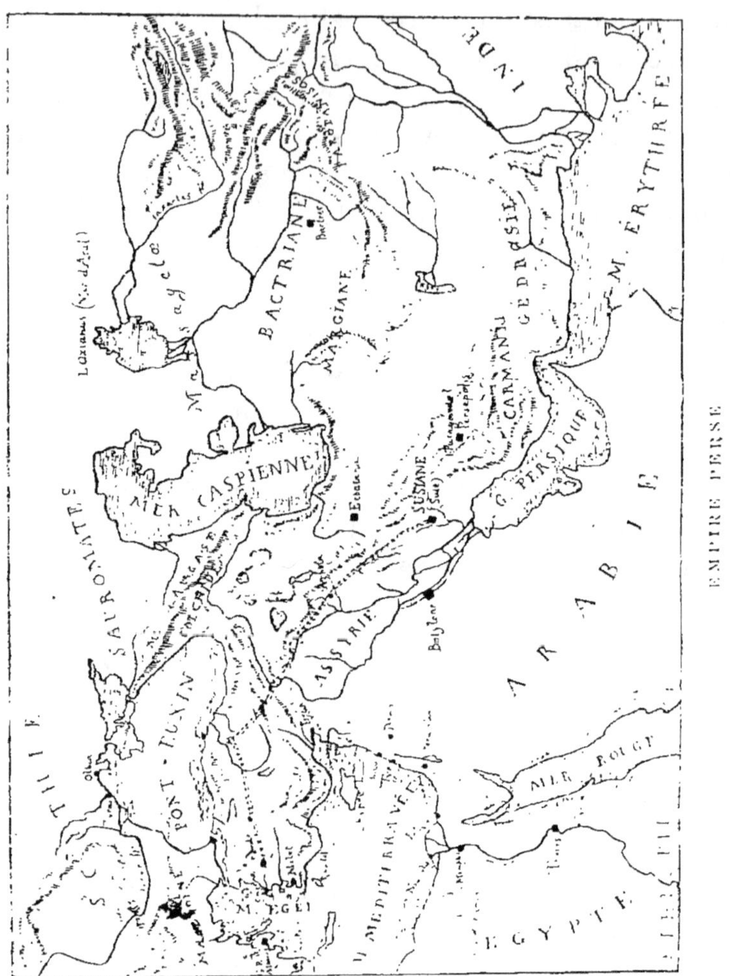

fait historique et ne se concilie nullement avec les
premiers actes du nouveau souverain.

Kyros, en effet, ne se croit nullement obligé à la paix
par le traité de 608. Chef naturel de la Perse, maître de
la Médie par droit de conquête, les inscriptions nous le

disent, il considère les rois de Lydie et de Bab-Ilou comme ses ennemis parce qu'ils sont les alliés des Mèdes.

Le roi de Lydie, Krœsos, s'attendait à la guerre et s'y était préparé en formant une alliance avec l'Egypte et Lacédémone. Malheureusement, il commit l'imprudence d'agir sans ses alliés. Bientôt contraint de s'enfermer dans Sardes, sa capitale, il y fut fait prisonnier, 574.

Dans les quinze années qui suivirent, Kyros rangea toute l'Asie supérieure sous sa domination, *sans en excepter une seule contrée*, dit Hérodote.

Pour posséder l'Orient entier, il lui fallait encore conquérir la Babylonie et l'Egypte. Il marcha d'abord contre Bab-Ilou. L'immense cité, trop vaste pour être investie, aurait été imprenable si son roi Nabounid l'avait défendue. Mais Kyros, à la faveur d'une guerre civile, put envahir la Chaldée et l'un de ses généraux entra dans Bab-Ilou *sans éprouver de résistance*. Tel est le récit des inscriptions, qui ne laisse à celui d'Hérodote que l'agrément d'une légende merveilleuse, 536.

Politique, autant que conquérant, Kyros affermit son pouvoir par la tolérance. Au lieu d'imiter les anciens rois orientaux qui soumettaient les empires pour soumettre les religions, provoquant ainsi de perpétuels soulèvements, il accorda la liberté de culte à tous les peuples vaincus.

C'est en vertu de cet édit de tolérance que les Juifs, exilés à Babylone, purent retourner dans leur patrie; 536 [1].

Les sept dernières années du règne de Kyros appartiennent à la légende. Sa mort est restée jusqu'ici mystérieuse, 529 ?.

1. Cf. *supra*, p. 112.

V. — Kambysès (529-521).

Kambysès, après avoir ordonné le meurtre de son frère Smerdis qui lui portait ombrage, compléta l'œuvre de son père, en faisant la conquête de l'Egypte, 525, ou 527.

Il échoua dans ses projets contre les Ammoniens, contre l'Ethiopie ; et ses alliés, les Phéniciens, refusèrent de combattre avec lui Carthage, leur colonie.

« Les cruautés que Kambysès est accusé d'avoir commises en Egypte portèrent bien plus sur la puissante caste des prêtres que sur la nation : la politique paraît y avoir eu plus de part que la religion. En général, on a d'autant plus de raison de se méfier de tout le mal qu'on raconte de Kambysès que nous ne connaissons ce prince que par les rapports des prêtres égyptiens ses ennemis[2]. »

En son absence, un mage, appelé Gaumatès, souleva les peuples en se faisant passer pour Smerdis. Les inscriptions ne permettent plus de penser qu'il s'agissait là d'une tentative de la Médie pour recouvrer son indépendance. Ce n'est pas, en effet, la Médie mais la Perse, lasse de la guerre, qui se révolte contre son roi. La mort de Kambysès, survenue par accident, l'empêcha de châtier l'imposteur qui s'empara du trône, 521.

Gaumatès ne régna que sept mois ; un complot l'avait élevé ; un complot le renversa et l'un des conjurés, l'Achéménide *Dareios*, fils d'Hystaspès, fonda une dynastie nouvelle qui devait durer jusqu'en 330.

---

1. Cf. *supra*, p. 15.
2. Heeren, *Manuel d'hist. anc.*, p. 101.

VI. — **Dareios Ier (521-485).**

Dareios passa sept années à rétablir la paix dans son immense empire profondément troublé par deux révolutions (521-514) : « *J'ai livré dix-neuf batailles et vaincu neuf rois,* » lui fait dire l'inscription de Behistoun[*].

Pour prévenir de nouveaux soulèvements, Dareios concentra l'administration tout entière entre ses mains.

L'empire fut partagé en trente ou trente et une

CHEFS VAINCUS DEVANT DAREIOS I.

satrapies[1]. A la tête de chaque satrapie ou gouvernement étaient placés un *satrape*, un *secrétaire* et un *général*. Ces trois officiers paraissaient administrer collectivement la province ; mais ils relevaient chacun séparément du roi. Le satrape semblait tout-puissant ; en réalité il recevait ses instructions du secrétaire. Le secrétaire recevait du roi tous les ordres qu'il transmettait au satrape. Enfin, ni le satrape, ni le secrétaire n'avaient d'autorité sur le général qui dirigeait les troupes suivant la volonté du prince.

1. Les opinions diffèrent.

Darcios créa de plus des inspecteurs, appelés les « *yeux et les oreilles du roi* ». Il les nommait pour un temps et à des époques indéterminés. Ces inspecteurs étaient investis du pouvoir suprême de tout réformer. Ils pouvaient même suspendre les satrapes de leurs fonctions; mais ce pouvoir suprême dépendait du caprice royal.

Enfin la capitale, Suse, était mise en communication constante avec les diverses parties de l'empire par un service de *courriers à cheval*.

Ces différentes réformes n'avaient eu pour but que de perfectionner un gouvernement déjà absolu avant Darcios. Ce prince se montra novateur en créant l'impôt régulier, inconnu avant lui dans les monarchies asiatiques. Chaque satrapie dut servir une contribution appropriée à ses productions et à ses ressources. Le revenu total en argent s'éleva à 663.000,000[f] de notre monnaie et le revenu en nature était presque aussi considérable : l'Egypte donnait le blé nécessaire aux 120,000 hommes qui l'occupaient militairement ; la Médie fournissait 100,000 moutons, 4.000 mulets, 3.000 chevaux ; l'Arménie, 30.000 poulains ; la Cilicie, 366 chevaux blancs, un pour chaque jour de l'année, etc...[1] C'étaient là les revenus du roi. Les provinces entretenaient encore les satrapes qui les administraient. La Perse seule fut exempte de ces charges, et ne paya, comme autrefois, que des contributions dites volontaires, en tout cas irrégulières.

Par ses réformes et ses créations Darcios avait assuré la paix à son empire pendant la guerre : l'administrateur devint conquérant pour rester populaire. Il conduisit en personne deux expéditions lointaines : l'une

____

1. Cf. Hér., III, 81-95.

dans l'Inde, l'autre dans la Scythie*. Elles eurent pour résultat l'établissement de deux satrapies nouvelles : la première dans le bassin du Sindh ; la seconde en Thrace*.

·La fin de ce règne glorieux fut attristée par la révolte des Grecs d'Ionie* et la défaite de l'armée Perse à Marathon* (490). L'Egypte se révolta et Dareios mourut sans avoir eu le temps de la pacifier (485).

Malgré la honte de Marathon*, Dareios Ier est le plus grand des successeurs de Kyros. Il sut trouver dans le progrès de l'administration une force que ses prédécesseurs n'avaient cherchée que dans la victoire. S'il eut le triste honneur d'organiser la monarchie absolue, au moins donna-t-il à l'Asie un repos qu'elle ne connaissait pas avant lui. Les Perses ne comprirent pas l'importance de son œuvre. Dans l'esprit du peuple, encore épris de conquêtes, l'administrateur fit tort au général. « Kyros, disait-on du temps d'Hérodote, avait été un père ; Kambysès s'était comporté comme un maître ; Dareios n'était qu'un cabaretier qui tirait de l'argent de tout le monde. » Ce fut cependant Dareios qui donna à l'empire sa plus grande extension, depuis l'Himalaya jusqu'au Danube et à l'Ethiopie. Il mérita le nom de Grand Roi que lui donnèrent les Grecs, plus justes que les Perses.

VII.— Décadence et chute de l'empire perse (485-330).

L'empire perse eut une décadence rapide sous les successeurs de Dareios : Xerxès Ier (485-465). — Artaxerxès Ier Longue-Main (465-425). — Xerxès II ; Dareios II (425-405). — Artaxerxès II Mnémon (405-362). — Artaxerxès III Ochos (362-337). Il tomba avec Dareios III Kodomanos en 330.

Toutes les forces de l'empire perse furent impuissantes à triompher de la seule ville d'Athènes, victorieuse à Salamine* (480), à Mycale* (479) et à l'embouchure de l'Eurymédon. Un traité expulsa de la mer Egée les flottes du grand roi (449), et les villes grecques de l'Asie Mineure recouvrèrent leur indépendance. Aux désastres extérieurs s'ajoutèrent ceux de la guerre civile. Le jeune Kyros tenta d'enlever la couronne à son frère Artaxerxès II Mnémon. Il fut tué à Cunaxa, près de Bab-Ilou (401); mais ses alliés, les dix mille Grecs, que commandait Xénophon*, réussirent à gagner le Pont-Euxin. Cette retraite victorieuse démontra la décadence irrémédiable de la Perse: l'influence d'Artaxerxès II en Grèce ne s'explique que par l'anarchie* de ce malheureux pays.

Dareios III voulait réformer l'administration et l'armée; il n'en eut pas le temps; Alexandre de Macédoine envahit l'Asie et trois victoires lui suffirent pour renverser l'empire des Perses qui avait duré 230 ans (560-330).

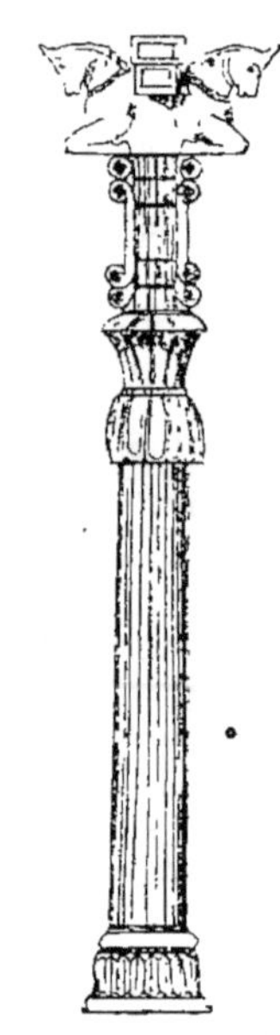

COLONNE ET CHAPITEAU
(Persépolis.)

VIII. — Villes principales. Ruines de Persépolis. — Usages. Civilisation.

Les rois avaient deux capitales : Ecbatane, en été ; Suse, en hiver ; ils habitaient surtout Pasargade et Persépolis. Les ruines de Suse sont presque informes ; celles de Persépolis comptent parmi les plus belles que nous ait laissées l'antiquité.

C'était, depuis Dareios Ier, la ville sainte qui renfermait les tombeaux des rois. Elle était bâtie sur un plateau élevé auquel on arrive encore par un escalier.

Outre les tombeaux, outre les propylées* gardés par des taureaux ailés semblables aux taureaux assyriens, les ruines de Persépolis renferment les débris imposants d'un immense palais, bâti par Xerxès Ier, et dont la disposition rappelle celle de la salle hypostyle de Thèbes. Le toit était soutenu par 72 colonnes ; 13 sont encore debout.

Bien que les Perses aient beaucoup emprunté à l'Assyrie, ils modifièrent le système de construction employé à Ninive ou à Bab-Ilou. Ils remplacèrent

EMBLÈMES ROYAUX DES ACHÉMÉNIDES
Bas-relief de Persépolis.

la brique par le marbre qu'ils trouvaient en abondance dans leurs montagnes ; les plafonds étaient faits de bois peint et revêtus, en partie, de lames métalliques. Ce qui domine dans l'architecture perse, c'est la colonne. Comme elle n'avait à supporter qu'un toit léger, elle s'élève avec une grâce majestueuse, « comme un tronc d'arbre qui cherche l'air et le soleil ». Le chapiteau* se termine par deux avant-corps de taureaux.

Les monuments portent de nombreuses inscriptions et sont ornés de nombreux bas-reliefs dont les procédés rappellent ceux de l'Assyrie, avec plus de vérité dans les proportions.

Nous y constatons que les insignes royaux n'ont pas varié depuis le temps de Sin-akhè-irib et d'Assour-banhabal; le roi tient presque toujours à la main une longue canne, symbole de commandement; ses cheveux et sa barbe sont soigneusement bouclés : derrière lui, des serviteurs élèvent le parasol et le chasse-mouches : au-ax-dessus de satête apparaît l'emblème ailé, uni, comme en Égypte, au disque solaire.

CUISINIERS DU ROI DARIOS (bas-relief de Persépolis).

Les écrivains grecs ont décrit bien des fois la magnificence du grand roi, la prodigieuse abondance de ses repas pour lesquels on tuait mille bêtes par jour : chevaux, chameaux, bœufs, ânes, cerfs, moutons; sans parler des autruches, des oies, des coqs, des oiseaux de toutes sortes. Il est vrai que les convives royaux avaient la liberté d'emporter chez eux une partie des restes.

L'éducation que recevaient les Perses a été trop
vantée ; passionnés pour la politesse, ne fût-elle qu'extérieure, ils avaient la folie de l'étiquette et l'estime
qu'ils accordaient aux nations voisines se mesurait à
leur éloignement de la capitale.

La civilisation des Iraniens méridionaux fut bien
moins remarquable, on le voit, que celle des autres
grands empires de l'Orient. Elle prit à la Médie sa religion et son costume ; à l'Assyrie, à l'Egypte, à la Grèce,
elle demanda des sciences et souvent des arts.

Daréios Ier a cependant donné à la Perse l'originalité
d'un despotisme savamment organisé.

ARYAS DE L'INDE

CHAPITRE XV

I. Migration des Aryas dans le bassin du Sindh. Relief général de l'Inde. — II. Conquête du Sapta-Sindhou. — III. Conquête du bassin du Gange. — IV. Institutions et religion primitives des Aryas dans le Sapta-Sindhou. — V. Transformation de la société et de la religion sous l'influence des brahmanes dans le bassin du Gange.

I. — Migration des Aryas dans le bassin du Sindh[1]. Relief général de l'Inde.

Les Aryas, demeurés en Bactriane, après le départ des sectateurs de Zoroastre, s'ébranlèrent à leur tour

1. Tout ce que nous savons des institutions, de la religion et des mœurs des Aryas dans le Sapta-Sindhou, nous l'avons appris dans les recueils d'hymnes appelés *Vedas*. De là le nom d'âge védique que l'on donne ordinairement à l'histoire primitive des Aryas de l'Inde.

Ces recueils sont au nombre de quatre, et le plus ancien est

vers le sud-est, et pénétrèrent dans le haut bassin du Sindh, en suivant la vallée de la Koubha que domine sur la rive gauche le massif de l'Hindou-Koush *.

Les émigrants se trouvèrent alors dans une vaste plaine merveilleusement arrosée par le Sindh et les six rivières qu'il recevait alors par un seul affluent. Ils donnèrent à cette plaine le nom de *Sapta-Sindhou*, les sept rivières[1].

Cette partie de l'Inde dans laquelle pénétraient les Aryas est la partie continentale qui s'étend à l'est jusqu'aux bouches du Gange ; elle est bornée au nord par l'Hindou-Koush et l'Himalaya ; au sud par les monts Vindhya ; un désert sépare les deux fertiles bassins du Sindh et du Gange.

L'Inde continentale et surtout la région Nord-Ouest est véritablement la terre des Aryas, l'*Aryavarta*. C'est là qu'ils s'établirent d'abord ; c'est de là qu'ils partirent pour soumettre le bassin du Gange et plus tard la péninsule du Dekhan.

Le Dekhan, que les Aryas appelaient *Dakchinapata*, a la forme d'un triangle. C'est un plateau incliné vers l'est, et dont les rebords, appelés *Ghattes*, très rappro-

---

le *Rig-Veda*. Les hymnes, qui remontent à une prodigieuse antiquité, furent réunis pour la cinquième fois vers le XIVe siècle avant Jésus-Christ.

Deux grands poèmes épiques, le *Mahâbârrata* et le *Râmâhyana*, se rapportent au temps des conquêtes et au développement du pouvoir religieux et politique des brahmanes.

Les progrès de l'érudition permettent de lire la langue littéraire de l'Inde, le *Sanscrit*, d'où sont nés tous les idiomes de la race blanche et qui s'est conservée jusqu'à nos jours avec la société dont elle traduisait les mœurs et les sentiments.

1. Le mot de Pentjab, employé ordinairement, indique seulement cinq rivières ; mais le Sarasvati, qui se jetait autrefois dans le Sindh, se perd aujourd'hui dans les sables.

chés de la mer, ne réservent qu'un très étroit littoral.
Tous les grands cours d'eau, comme le *Godavery*, ont
dû se frayer un passage à travers les Ghattes orientales, vers le golfe du Bengale, où les entraîne la pente
naturelle du terrain.

Au nord du Dekhan proprement dit, et en dehors
de l'Inde continentale, la *Nerbudda* se jette, il est vrai,
dans le golfe d'Oman, mais ce fleuve coule dans une
région distincte, qui n'est pas encore le plateau ; sa
vallée forme comme un fossé naturel que les Aryas ne
franchirent qu'assez tard.

« Quant aux caractères généraux du climat de l'Inde
et de ses différentes zones, aux particularités de sa
faune* et de sa flore,* aux richesses que son sol fournit dans le règne végétal et minéral et qui ont de tout
temps attiré vers cette contrée un immense commerce,
épices,* aromates*, métaux, bois précieux, trésors de
toutes sortes, nous ne nous y arrêterons pas ; car ce sont
des choses bien connues et dont on trouve l'indication
dans tous les traités de géographie[1]. »

II. — Conquête du Sapta-Sindhou

Les Aryas ne s'établirent pas sans peine dans le
Sapta-Sindhou. Ils s'y heurtèrent contre des populations d'origines diverses : les unes, Koushites et déjà
civilisées, que les Aryas appellent *Dasyous* (ennemis) ;
les autres, originaires du Thibet et restées barbares : ce
sont, disent les Védas, des *Anasa* (sans nez), des *Kravyad*
(mangeurs de chair crue).

Les Thibétains furent systématiquement refoulés dans
l'Himalaya ; les Dasyous, agriculteurs habiles, demeu-

____
1. Fr. Lenormant, III, *Hist. anc.*, p. 100.

rèrent le plus souvent parmi les Aryas, à l'état d'esclaves ; quelques tribus Koushites réussirent même à conserver une liberté relative, en adoptant la religion des vainqueurs.

III. — Conquête du bassin du Gange.

Vers 1600 ou 1500 avant J.-C., les Aryas, à l'étroit dans le Sapta-Sindhou, franchirent le Sarasvati et conquirent le bassin du Gange.

Les indigènes, Koushites en général, déjà habitués au voisinage des Aryas, ne semblent pas leur avoir opposé une grande résistance. Les longues guerres, les grandes batailles sont entre les conquérants. En voici la raison :

Les premiers émigrants se seraient contentés des terres occupées sur la rive droite du Sarasvati ; mais leur rapide prospérité avait excité des convoitises : toute la nation aryenne s'ébranlait déjà des extrémités du Sapta-Sindhou et se précipitait, avide de richesses, vers les pays orientaux. La tribu des Tritsous s'efforça, unie aux Dasyous, d'arrêter le flot de l'invasion et une guerre civile éclata, où chaque parti invoquait Indra. Elle se termina par la défaite des Tritsous, et bientôt l'Aryavarta s'étendit depuis l'Hindou-Koush jusqu'aux montagnes qui séparent le Gange du Brahmapoutre.

IV. — Mœurs, institutions et religion primitives des Aryas dans le Sapta-Sindhou.

Les mœurs, les institutions et la religion des Aryas

dans le Sapta-Sindhou étaient bien différentes de ce qu'elles devinrent dans le bassin du Gange, où l'ambition des prêtres créa une nouvelle société.

Le Rig-Véda nous montre les Aryas encore pasteurs sur les bords du Sindh. Leurs tribus disséminées

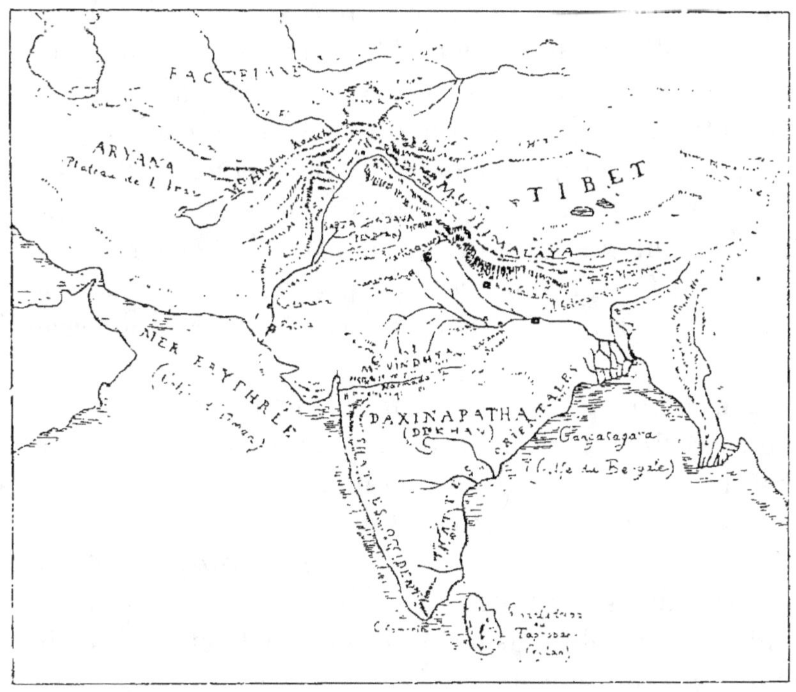

INDE ANTIQUE

n'ont pas de gouvernement commun, mais seulement des mœurs communes. Chacune d'elles obéit à un chef indépendant, à une sorte de roi, appelé *radja*. Quelquefois un radja asservissait quelques tribus voisines ; il recevait alors la qualification de *Maharadja*, ou grand chef, grand roi.

Dans la tribu, les chefs de famille sont les premiers, parce qu'ils sont investis d'un sacerdoce, celui du foyer, par une sorte de legs que leur ont transmis les ancêtres depuis le premier homme, Manou.

Les distinctions, nées des fonctions ou des occupations journalières, constituent chez les Aryas primitifs, sinon des rangs, du moins des classes : celles des prêtres, des guerriers, des pasteurs ou des laboureurs. A mesure que la civilisation se perfectionne, ces classes se multiplient; une sorte d'hiérarchie s'établit entre les professions; les rangs s'accusent davantage : certaines familles, par exemple, issues des anciens *reschis* (sages) ou poètes, prêtres de la Bactriane, prétendent posséder des droits héréditaires au sacerdoce. Les classes sont sur le point de se transformer en castes ; bientôt le fils d'un prêtre sera prêtre ; le fils d'un laboureur ou d'un artisan ne pourra devenir ni guerrier ni prêtre.

La religion des Aryas, comme celle des Iraniens, était celle du Feu. Le feu, qui vivifie toutes choses par la chaleur, leur semblait être la manifestation par excellence du Dieu unique et créateur.

Cette unité de la divinité se brisera assez rapidement chez les Aryas de l'Inde et bientôt se développera cette tendance au polythéisme* qui déjà en Bactriane avait déterminé un schisme religieux avec les sectateurs* de Zoroastre [1].

Dans les Vedas. le Feu porte deux noms principaux: *Agni* et *Indra*.

Si l'on considère que la famille chez les Aryas. comme chez tous les peuples, était le fondement de la société; que, dans ces temps reculés, la religion ne résidait pas dans le temple. mais dans la maison. on doit regarder le culte d'Agni. le dieu du foyer, le dieu de

---

1. Cf. *supra*. p. 161.

la famille patriarcale, comme antérieur à celui d'Indra, le dieu du peuple aryen constitué en nation.

De tout temps, le Feu universel existait ; le premier homme, Manou, le découvrit en frottant l'un contre l'autre deux morceaux de bois ; la flamme jaillit et créa le foyer, source de tous les biens. La naissance d'Agni était donc une œuvre humaine ; il semblait que la divinité suprême se fût abaissée par pitié jusqu'à la créature pour la faire vivre. En retour, le père de famille nourrissait Agni par des libations*, et quand la flamme, avivée, grandissait brillante et comme joyeuse du sacrifice, c'était le moment de la prière : « Agni, disait-on, tu es la vie, tu es le protecteur des hommes ; donne-nous la sagesse et la pureté ; donne-nous une terre féconde. »

Le feu du foyer ne devait jamais s'éteindre. La maison où le feu s'éteignait était maudite, car Dieu s'était retiré d'elle.

V. — Transformation de la religion et de la Société sous l'influence des Brahmanes, dans le bassin du Gange.

Pendant la conquête, les anciens chefs de tribus étaient devenus de puissants rois, le culte d'Agni avait perdu la simplicité des premiers âges.

Bientôt le nom même d'Agni semble devoir disparaître ; il rappelait une origine humaine en rappelant Manou, son révélateur, il ne convenait plus aux poètes prêtres, aux ambitieux *Bráhmánes** qui avaient concentré entre leurs mains toutes les attributions religieuses et voulaient se les assurer pour l'avenir.

Ils tentèrent de substituer au dieu national le dieu qu'ils avaient inventé, de remplacer Agni par Indra.

N'était-ce pas Indra, le porte-foudre, qui guidait les Aryas vers le Gange ?

Toutefois, malgré les efforts des Brahmanes, les deux cultes restèrent longtemps unis, et la libation, « jetée dans la flamme du foyer, alla longtemps encore trouver Indra. La libation : c'était le culte même ». Les prêtres, qui faisaient la libation, s'empressèrent de la diviniser, après se l'être appropriée. Appelée *Soma*, elle se composait d'éléments spiritueux, propres à aviver la flamme. Indra la buvait par les lèvres du prêtre, qui s'en inspirait pour chanter ses hymnes. « Officier, c'était boire, et les vœux naissaient dans la coupe du sacrifice. »

Ainsi « le dieu suprême se fractionnait et formait une trinité : le feu terrestre : le feu du ciel ; le feu qui se boit : Agni, Indra, Soma[1] ». Des centaines de divinités secondaires, de *devas*, émanaient des trois premières, créées par l'imagination populaire, mais classées hiérarchiquement et perfectionnées par la science des Brahmanes, qui avaient intérêt à compliquer le culte, pour le rendre obscur à tous, sauf à eux-mêmes.

Pendant les guerres, Indra fut le grand dieu des Aryas, qu'il conduisait à la victoire : mais les Brahmanes conduisaient Indra. Pour conserver le pouvoir, les prêtres se voyaient donc dans la nécessité de perpétuer la guerre.

Un jour vint cependant, où le peuple se lassa de la faire ; des révoltes éclatèrent : il fallut poser les armes, revenir aux travaux des champs et le dieu de la paix, Agni, retrouva ses autels.

Les Brahmanes semblèrent se résigner : en réalité, ils ne firent que transformer leur politique. Puisqu'ils

1. Marius Fontane, *L'Inde védique.*

n'étaient pas encore assez puissants pour imposer aux Aryas le dieu de leur choix, ils pouvaient du moins adopter le dieu national et en faire leur bien. S'animant donc pour Agni d'une vénération sans borne, ils prouvèrent bientôt qu'il était le vrai dieu créateur, le souverain maître d'Indra lui-même. Par cette habile concession aux sympathies populaires, les Brahmanes qui avaient imaginé Indra pour commander aux rois pendant la guerre, parvinrent, en grandissant Agni, à rester, pendant la paix, les maîtres du pouvoir et les propriétaires de la religion.

CHAPITRE XVI

I. Les Brahmanes consacrent leur victoire dans la loi de Manou, code religieux, politique et social. — II. Le nouveau culte de Brahma. Les castes. — III. Doctrine de la transmigration des ames. La monarchie absolue devient un instrument de pouvoir pour les Brahmanes qui disposent du gouvernement, de l'administration et des métiers.

———

I. — Les Brahmanes consacrent leur victoire dans la loi de Manou, code religieux, politique et social.

Les Brahmanes proclamèrent leur triomphe dans le code religieux, politique et social appelé loi de Manou. Rédigée vraisemblablement vers le IX⁰ siècle avant J.-C., cette œuvre, si précieuse pour l'histoire, nous laisse lire, derrière le nom de Manou, celui des véritables auteurs, les Brahmanes. Ils y constituent définitivement la société aryenne, sous leur autorité suprême. Le nom de Brahmanisme, qui qualifie cette société, en montre bien l'origine toute religieuse; le mot loi constate le caractère immuable des prescriptions qui n'ont jamais varié jusqu'à nos jours.

La loi de Manou comprend trois divisions principales :

1° Les prescriptions religieuses.

2° Les préceptes du gouvernement.

3° Les lois civiles et leur application.

Mais ces trois divisions se résument dans la loi religieuse qui les comprend toutes : Il n'y a qu'un gouvernement : celui des prêtres.

II. — Nouveau culte de Brahma. Les castes.

Les Brahmanes, sans modifier les rites extérieurs du culte dont seuls ils connaissaient les formes, altérèrent de telle sorte la religion qu'ils purent lui subordonner le gouvernement.

Au commencement, le monde était plongé dans le ténèbres. Alors l'Être suprême, existant par lui-même, apparut et dissipa l'obscurité.

Ayant résolu de tirer de sa substance les diverses créatures, il créa d'abord les eaux et y déposa un germe. Ce germe devint un œuf, brillant comme l'or. Il renfermait *Brahma*, le père de tous les êtres, qui, par la seule force de sa pensée, sépara l'œuf primitif en deux parties pour en former le ciel et la terre. Puis Brahma créa les dieux, le monde, la race humaine divisée pour toujours en quatre groupes.

De sa bouche, il produisit le brahmane.

De son bras, le kchatriya (le guerrier).

De sa cuisse, le vaïsiya (le laboureur).

De son pied, le çoudra (le serviteur).

Il est facile de reconnaître Agni dans le feu vivifiant qui fait éclore l'œuf. Mais Agni, asservi par les Brahmanes, porte le nom de ses maîtres : Agni devenu Brahma, c'est le clergé devenu Dieu et le nouveau Dieu, fidèle esclave de ses adorateurs, institue les castes où les Aryas sont enfermés à perpétuité, pour assurer la perpétuelle domination des Brahmanes; car les trois dernières castes n'ont été créées que pour eux : le kchatryja doit les défendre, le vaïsiya les nourrir, le çoudra les servir.

En dehors de ces quatre castes, considérées comme *pures*, il n'y a plus que des hommes impurs distribués en quarante-quatre tribus, dont les dernières sont les *parias*.

III. — Doctrine de la transmigration des âmes.

Les Brahmanes, déjà maîtres de l'Indou pendant sa vie, s'emparèrent de son âme après la mort par leur doctrine de la transmigration, à laquelle ils donnèrent un caractère particulier de désolation.

Brahma ne cesse de créer le monde entier avec sa substance, de sorte que le monde entier, qui est la propre substance de Brahma, est dans un perpétuel renouvellement.

L'âme, après la mort, habite quelque temps, selon ses actes, le paradis d'Indra ou les enfers, puis elle anime un nouveau corps.

Les hommes vertueux revivent dans une condition supérieure.

Le paria peut un jour devenir çoudra : le çoudra, vaïsiya ; le vaïsiya, kchatriya ; le kchatriya, brahmane.

Devenir brahmane est la suprême récompense : car les brahmanes vertueux, et ils le sont toujours, acquièrent seuls, après la mort, le repos final en s'absorbant dans le sein de Brahma.

Mais s'il est permis, en principe, au plus méprisé des

hommes d'atteindre le bonheur par sa vertu, les brahmanes sont les juges de cette vertu et la moindre faute à leurs yeux peut entraîner une renaissance dans un rang inférieur. Or les brahmanes qui savaient multiplier les fautes avaient su multiplier les châtiments en répartissant* tous les êtres de la création dans des catégories*, correspondant chacune à une forme de l'existence.

Le malheureux, condamné à vivre sous la forme d'une liane, pouvait raisonnablement devenir fou de désespoir; car avant de renaître brahmane il lui fallait être successivement ver, insecte, poisson, serpent, lion, sanglier, étranger, paria, çoudra, géant, vampire*, acteur, danseur, armurier, vaïsiya, kchatriya. roi et génie céleste. Dans ce laborieux chemin vers le repos final, que de hasards pouvaient amener une chute, ou au moins un arrêt. c'est-à-dire une renaissance dans le même degré d'existence! Et lorsqu'on songe que la durée de chaque transmigration, en comprenant le séjour aux enfers ou au paradis, était au moins de 24,000,000 d'années. après une vie sans tache, on comprend tout ce que cette abominable doctrine des brahmanes avait de désolant pour l'infortuné qui n'avait pas eu le bonheur de naître dans la première caste!

IV. — La monarchie absolue devient un instrument de pouvoir pour les brahmanes, qui disposent du gouvernement, de l'administration, des métiers.

Les brahmanes n'avaient pas triomphé sans lutte des kchatriyas, devenus très puissants pendant la guerre. Les rois repoussèrent en effet cet étrange précepte de la loi de Manou : « *Un brahmane âgé de dix ans et un kchatriya âgé de cent années, le premier est le père, le second est le fils ».* Malgré l'appui que les prêtres trouvèrent dans les laboureurs ruinés par la guerre et heureux d'abaisser les guerriers, ils durent acheter la victoire par un compromis. La loi de Manou le mentionne : « *Les kchatriyas ne peuvent pas prospérer sans les brahmanes, et les brahmanes ne peuvent s'élever sans les kchatriyas.* »

Les rois furent alors les maîtres absolus de la nation, mais les brahmanes restèrent leurs conseillers nécessaires, ou plutôt leurs souverains, puisque le premier devoir imposé au roi, c'était l'obéissance aux brahmanes et que toute infraction à ce devoir constituait une faute très grave, punie par la dégradation* après la mort.

D'ailleurs, tous les instants de la vie du roi, jusqu'à l'heure de son bain, étaient minutieusement réglementés. La loi de Manou lui prescrivait le chiffre des contingents militaires, la politique à suivre, la tactique à employer en cas de guerre, même le choix des armes. Elle fixait le montant des revenus, fournissait aux magistrats leurs sentences, donnait un programme à l'instruction publique et des ordres aux gens du négoce.

Les institutions primitives subsistèrent toutes les fois qu'elles ne furent pas en opposition avec le despotisme* religieux des brahmanes.

Ainsi fut consommée* l'œuvre des prêtres aryens. Elle est grande, si l'on considère la science, souvent élevée, la tenace persévérance, la politique profonde de ses auteurs; mais les conséquences finales méritent une éternelle réprobation*. Les brahmanes n'hésitèrent pas à immoler la liberté d'un peuple entier à leur propre indépendance et l'éclat qu'ils surent, pour un temps, donner à la civilisation indoue ne peut les absoudre de ce crime longuement médité et froidement exécuté.

Plus tard, d'ailleurs, la caste des brahmanes, longtemps composée d'hommes supérieurs, se corrompit et dégénéra. Il ne resta de leur œuvre que l'anéantissement des Indous, dont les Anglais ont su profiter pour fonder leur plus belle colonie.

CHAPITRE XVII

I. Réaction contre le brahmanisme. Çakiasindha ; son but.
— II. Préceptes du Bouddha ; leur élévation. — III. Le
bouddhisme est cependant désolant. — IV. Le bouddhisme
après le Bouddha. — V. Les Perses et les Grecs dans
l'Inde. — VI. Civilisation : son éclat ; agriculture : monuments ; sciences ; poésie ; le théâtre.

I. — Réaction contre le brahmanisme. Çakiasindha ; son but.

Au VIIe siècle, rien n'était changé dans l'œuvre des
brahmanes. Les prêtres pensaient et ordonnaient ; les
rois et les guerriers exécutaient sans penser ; le reste
du peuple souffrait. Les brahmanes avaient raison de
dire que le monde était un abîme de maux : la mort
même ne les terminait pas ; l'homme des castes inférieures avait devant lui la perspective, peut-être indéfinie, d'une existence nouvelle : il semblait condamné
à vivre éternellement sur terre.

Cependant au VIIe siècle, l'Indou, plié sous le joug,
n'avait pas encore renoncé à s'en affranchir ; une réaction pouvait se produire contre le Brahmanisme : un
homme de génie la provoqua, Çakiasindha.

Siddartha (celui qui réussit) ou Çakiasindha (le lion
des Çakyas) naquit en 622 à Kapilavastou, dans le

Népaul*. Son père était roi, et prétendait descendre de Manou. Enfant, il manifestait une intelligence extraordinaire ; homme, il ne cessait de méditer sur les misères du peuple. Un jour, abandonnant la cour de son père et renonçant à la royauté, Çakiasindha fit vœu de pauvreté et se retira dans la solitude, à Ourouvilva.

C'est là qu'il imagina une nouvelle morale pour affranchir les hommes vertueux par une mort définitive des souffrances de cette terre. Çakiasindha ne songea jamais à nier le dogme* fondamental de la transmigration ; mais il ne voulut plus admettre la transmigration presque indéfinie pour l'homme de bien. Il fut donc amené à déclarer qu'en principe tous les Indous, malgré la différence des castes, étaient égaux, puisque le çoudra, comme le brahmane, pouvait mériter, après la mort, la possession du même bien : le repos final ou *nirvana*.

II. — Préceptes du Bouddha : leur élévation.

Çakyasindha, prenant le nom de sage, de *Bouddha*, qu'il pensait avoir mérité par son ascétisme*, ses méditations et ses prières, sortit de sa retraite et prêcha sa doctrine, 586.

Pour obtenir le nirvana, Bouddha indiqua huit moyens dont voici les principaux :

Un jugement droit, capable de dissiper l'erreur ;

Un langage droit, conforme à la vérité parfaite ;

Une conduite droite, c'est-à-dire vertueuse ;

Une profession droite, c'est-à-dire honnête ;

Une méditation droite, qui conduit ici-bas l'esprit de l'homme à une quiétude voisine du nirvana[1].

1. Cf. Lenormand. *Histoire ancienne*. L. VIII.

La vie religieuse, pensait Bouddha, était la plus propre à l'obtenir ; mais chacun pouvait faire son salut en accomplissant les devoirs de son état, en pratiquant la charité, la pureté, la patience, le courage et la science ; le Bouddha ajoutait : en restant humble de cœur. Cette dernière vertu était indispensable ; elle devait rendre possible, bien que très difficile, la confession publique prescrite par le sage. Nous savons qu'en 400 avant notre ère le roi Piyadasi convoqua son peuple pour lui rappeler les préceptes du bouddhisme et engager chacun à faire l'aveu public de ses fautes.

Toute cette morale du Bouddha est d'une élévation admirable. Il avait le droit de dire dans une de ses prédications : « *Ma doctrine est une doctrine de miséricorde ; c'est pourquoi les hommes de ce monde la trouvent difficile ; ils sont fiers de leur naissance, et ne réfléchissent pas que les fruits d'un même arbre sont tous de même origine. Il faut respecter l'ordre de choses établi ; mais la voie du salut est ouverte à tout le monde ; la naissance ne condamne aucun être à l'ignominie et au malheur.* »

Admirables paroles, les plus belles qui aient été prononcées dans le monde avant la venue du Christ. Le Bouddha prêchait déjà aux opprimés l'égalité et la fraternité, sinon la liberté !

III. — Le bouddhisme est cependant désolant.

Le Bouddha n'élève pas sa vue au delà de la terre. Il prend l'homme dans la misère où il le trouve et ne cherche pas à le rattacher par sa vie à un Dieu créateur, par sa mort à un Dieu rémunérateur*. Il lui donne sans doute les moyens de faire son salut et d'ob-

tenir le repos final. Ce repos cependant, quel est-il?
Est-ce la vie pure de l'âme délivrée du corps? Non.
Le Bouddha, qui croit à la transmigration, ne sépare
pas l'âme du corps. Mais comme l'union des deux sub-
stances constitue une personne et rend possible la
transmigration, le Bouddha donne comme but à la
vertu l'anéantissement de soi-même, qui détruit l'in-
dividu* et rend impossible la transmigration.

Ainsi l'homme part du néant et, s'il est vertueux,
retourne au néant. N'être plus rien : voilà le bonheur
suprême. Le Bouddhisme est la terrible condamnation du Brahmanisme. Cesser de souffrir, telle est la
devise du Bouddhisme ; cesser de souffrir et être heureux, telle fut plus tard celle du Christianisme.

IV. — Le Bouddhisme après le Bouddha.

Le *Bouddha* s'était fait de nombreux disciples.
Quand il mourut, 543, sa doctrine était déjà populaire.
Cinq cents religieux réunis à Rajagriha, capitale du
royaume de Magadha, fixèrent les enseignements du
maître dans le *Tri-pitaka*, ou livre des trois corbeilles. Cent ans plus tard, un nouveau concile * con-
damna les hérésies* qui s'étaient formées depuis la mort
du Bouddha, et ses sectateurs *, voulant échapper
au reproche d'athéisme* formulé par les brahmanes,
déclarèrent que le Bouddha était Dieu lui-même,
venu sur terre pour préparer l'affranchissement * des
hommes.

Malgré leurs efforts, le bouddhisme ne devint pas prépondérant dans l'Inde, où il ne compte pas 500,000
adhérents ; mais en dehors de ce pays, c'est aujour-
d'hui la religion de 470,000,000 d'individus.

V. — Les Perses et les Grecs dans l'Inde.

On peut dire qu'avant le ve siècle les Aryas ont vécu isolés derrière le rempart montagneux formé par l'Hindou-Koush et l'Himalaya. Nous ne savons rien de précis sur les expéditions assyriennes, qui furent d'ailleurs limitées par le haut cours du Sindh.

Vers 506, tous les pays situés sur la rive droite de ce fleuve furent conquis par le roi Darcios Ier et transformés en satrapie : les habitants furent incorporés dans l'armée perse : Hérodote a décrit dans son histoire le costume et les armes* des guerriers aryens combattant les Grecs à Platée en 479.

A leur tour, les Grecs, sous la conduite d'Alexandre de Macédoine, envahirent le Sapta-Sindhou, qui fut soumis non sans peine (327-325).

Les successeurs d'Alexandre ne réussirent pas à conserver ses conquêtes ; leurs entreprises, plusieurs fois renouvelées, échouèrent toujours. Elles eurent même pour résultat de coaliser entre eux les royaumes indigènes : le roi Tchandragoupta, que l'historien Diodore appelle Sandracotos, étendit sa domination sur l'Inde entière[1]. Son petit-fils, Asoka, se convertit au bouddhisme et le fit prêcher aux nations voisines.

Depuis longtemps déjà la guerre, le commerce, la prédication mettent les Aryas en communication constante avec les peuples voisins.

---

1. C'est à la cour de ce prince que le grec Mégasthénès fut envoyé comme ambassadeur par le roi de Syrie, Séleucus. Il écrivit un récit de sa mission dont se sont inspirés plusieurs écrivains anciens.

VI. — **Civilisation.**

*Agriculture ; industrie ; monuments: sciences: poésie:
le théâtre.*

Les Aryas de l'Inde sont à la fois un peuple ancien et
un peuple moderne. Constitués en société deux mille ans
environ avant Jésus-Christ, ils nous apparaissent aujourd'hui avec la même langue, la même littérature.
les mêmes lois. Aucun peuple ne fournit sur son passé
plus de renseignements et des renseignements plus certains à la science contemporaine.

L'Agriculture, qui devint si florissante dans l'Inde.
se développa de bonne heure. Les Védas nous apprennent que les Aryas savaient déjà combattre les inon-
dations, fréquentes après l'orage, par des digues solidement construites ; nous connaissons, en lisant certains
hymnes, les angoisses des laboureurs pendant les
temps de sécheresse, leurs prières à Agni et Soma pour
qu'ils délivrent les eaux « *prisonnières du ciel.* »

L'Industrie est restée prospère jusqu'à nos jours :
mais l'importation par les Anglais des produits manu-
facturés, répandus à profusion et vendus à bon marché.
ne tardera pas à la faire disparaître et les merveilles
tant admirées à l'Exposition de 1878 seront bientôt des
curiosités archéologiques. Dès les temps anciens, dans
le Sapta-Sindhou, les corps de métiers étaient nombreux ; le Rig-Véda mentionne des *bûcherons*, des
charrons, des *forgerons*, des *potiers* *, des *tisseurs d'é-
toffes*, des *orfèvres* *. Les femmes même travaillaient
aux métiers de leur choix, comme le prouve ce passage
d'un hymne à Soma : « *Je suis ouvrier; mon père est*

médecin ; MA MÈRE *est meunière ; nos fonctions sont diverses, et nous désirons le gain, comme les vaches désirent l'orge* [1]. »

Plus tard, les Radjas favorisèrent l'industrie. Les capitales devinrent somptueuses, avec leurs magnifiques jardins, leurs larges rues, bordées de maisons à plusieurs étages ou de brillantes boutiques.

Toutefois les villes indoues furent longtemps construites en bois, au moins jusqu'à l'époque de Mégasthénès. Les prodigieux *monuments en pierre*, que nous admirons aujourd'hui, les *topes* ou tombeaux, en forme de dômes, des saints bouddhistes ; les temples de Bouddha et les monastères de sa religion bâtis souvent en plein roc, remontent à l'époque où le Bouddhisme prit son grand développement. On les rencontre partout où il pénétra, dans l'Inde, à *Sanchi*, au nord des monts Vindhya ; à *Ellora*, dans le Dekhan, à l'ouest d'Aurangabad ; et aussi à Ceylan, à Java, dans l'Indo-Chine et la Chine, dans l'Afghanistan, revêtus de ces sculptures compliquées et de cet appareil fantastique qu'avait adoptés l'architecture indoue.

Les sciences proprement dites, *mathématiques, géométrie, astronomie*, pratiquées par les Brahmanes, ne se développèrent véritablement qu'à partir du jour où les Indous entrèrent en rapports continus avec les nations étrangères.

La *médecine* semble n'avoir été d'abord que la science des conjurations et des sortilèges ; mais elle progressa étonnamment entre les mains des prêtres [2]. Malgré une religion qui interdisait la dissection du corps humain, les brahmanes acquirent en *anatomie* des connaissances réelles par la pratique des sacrifices sanglants. Les

---

1. Cité par Gérard de Rialle. *Études védiques.* p. 12.

livres attribués aux médecins antiques mentionnent
jusqu'à 127 espèces d'instruments de *chirurgie**.

La *géographie* fit peu de progrès; à peine peut-
on dire que cette science fut connue des Indous. Ils
ont pour excuse leur complet isolement pendant tant
de siècles et la nature de leur pays*. Dans l'Inde continentale, l'horizon était borné au nord, à l'ouest et à
l'est par les montagnes; dans l'Inde péninsulaire, il
était limité par la mer. La géographie des brahmanes
n'est qu'un conte de fées, avec quelques traditions
précieuses sur le berceau de la race blanche, le plateau
de Pamir, qui communique par la montagne sainte,
le Merou, avec le paradis d'Indra. Mais que penser des
sept zones de terres habitables, disposées concentri-
quement autour du Merou et séparées les unes des
autres par des mers d'eau salée, de sirop de canne à
sucre, de beurre clarifié, de lait caillé, d'ambroisie et
d'eau douce!

Les Indous qui eurent avec les Perses, les Grecs, les
Romains des relations commerciales, ne semblent pas
s'être jamais préoccupés d'acquérir sur les pays de
ces différents peuples des notions exactes.

Les Aryas n'écrivirent pas l'histoire de leur race;
mais les Védas et deux grandes épopées, le *Mahâbârrata* et le *Râmâyana* ont, pour nous, la valeur historique de l'*Iliade* et de l'*Odyssée*.

Le *Mahâbârrata* n'est pas à vrai dire un poème;
c'est un assemblage de poèmes, se rapportant à l'histoire des Aryas dans l'Inde continentale. Le *Râmâyana*
nous montre, à travers les fictions poétiques, le développement de la conquête aryenne dans l'Inde péninsulaire.

Le premier a pour sujet la gloire des Khourous luttant contre les Pandavas pour la possession de la terre

des Bharratas, le célèbre royaume de Hastinapoura.
Les brahmanes rattachèrent d'ailleurs à ce sujet principal une foule de légendes qui sont souvent favorables
aux Pandavas. L'une d'elles devait inspirer le grand poète
dramatique des Indous, c'est la légende de Çakountalâ.

La valeur littéraire du *Râmâyana* est très supérieure à celle du *Mahâbârrata*. Le poème conserve
d'un bout à l'autre une remarquable unité ; jamais on
ne perd de vue le héros Rama, bien qu'il s'engage dans
d'innombrables aventures pour retrouver la belle Sita,
enlevée par le roi de Lanka (Ceylan). Aucune œuvre
littéraire ne montre mieux les défauts et les qualités
du génie Indou. On y peut sans doute critiquer les in-
vraisemblances, les fautes de goût, les longueurs, mais
on admire une richesse d'imagination incomparable,
une fougue puissante de poésie, une profonde sensibi-
lité, qui placent le *Râmâyana* parmi les grands chefs-
d'œuvre de l'épopée à côté de l'*Iliade* et de l'*Odyssée*,
des *Eddas* et des *Niebelungen*.

Enfin les Indous, qui ont eu des Homères, ont eu
presqu'un Sophocle dans Kâlidâsa, l'auteur de *Çakountalâ, ou l'Anneau fatal*, merveille de poésie, de sentiment, et d'ingénieuse invention.

On sait aujourd'hui que les représentations théâtrales
dans l'Inde étaient l'ornement obligé des grandes
solennités, comme le couronnement du roi, les fêtes
religieuses, la conquête d'une ville, parfois le mariage,
la rencontre d'anciens amis. N'ayant pas lieu très fréquemment, elles étaient fort longues, et il fallait pour
les jouer au moins cinq ou six heures.

Il n'y avait pas d'édifices spéciaux pour ces représentations : le climat brûlant de l'Inde faisait préférer
les cours spacieuses et bien aérées des palais, que l'on
aménageait en conséquence.

Les décorations étaient fort simples : l'auteur comptait avec raison sur l'imagination des spectateurs pour suppléer à l'insuffisance de la mise en scène.

Au début de *Cakountalâ*, le roi Douchmanta est dans un char et poursuit une gazelle. Le char roule sur une plaine de quelques mètres carrés ; et cependant le roi dit à son cocher :

« Cocher, nous avons été entraînés bien loin par cette gazelle. La voici encore maintenant : courbant gracieusement son cou, elle jette à chaque instant les yeux sur le char qui la suit de près ;... puis, par la rapidité de ses bonds, elle vole plutôt qu'elle ne court sur la terre... Et moi qui poursuis cette gazelle, c'est à peine si je puis la voir maintenant. »

Le cocher répond que le sol est inégal, et que la vitesse du char est ralentie. *« Mais, ajoute-t-il, maintenant que nous arrivons sur un sol uni, il ne vous sera pas difficile de l'atteindre. »*

« Eh bien, lâche les rênes, » dit le roi.

LE COCHER. — *J'obéis à mon seigneur.* (Simulant le mouvement du char.) *Sire ! voyez ! voyez ! Les chevaux du char, le devant du corps ramassé, le haut de leur oreille rabattu, s'élancent sans être dépassés par la poussière qu'ils soulèvent, comme s'ils étaient jaloux de la vitesse de la gazelle ! »*

Le public regardait sans rire ce char presque immobile dont les chevaux, s'écriait le roi tout joyeux, surpassaient en vitesse les coursiers d'Indra. Il est vrai que s'il était indulgent pour la mise en scène, il se montrait très difficile sur le sujet. Aucune parole, aucun geste ne devait blesser les oreilles ou les yeux du spectateur.

Veux-tu dans un seul mot renfermer à la fois
Et les fleurs du printemps et les fruits de l'automne?
Veux-tu le ciel, la terre et les senteurs des bois?
Veux-tu ce qui ravit, transporte, ce qui donne
L'émotion au cœur, le plaisir, à l'esprit?
Voici Çakountalà, par ce nom tout est dit [1].

Tel était le jugement de Gœthe, et cette belle stance est restée inséparable du chef-d'œuvre de Kâlidâsa.

1. Cité par E. Foucaux, traduction de *Çakountala*. Introduction, p. VIII.

CHAPITRE XVIII

LE MONDE CONNU DES ORIENTAUX
LE MONDE CONNU DES ANCIENS

I. Génie expansif de la race blanche. — Œuvre géographique des anciens peuples orientaux. — II. Les Grecs : Alexandre consomme la fusion de l'Orient et de l'Occident. — III. Les Romains. — IV. Décadence de la géographie pendant la première partie du Moyen Age : sa renaissance ; son caractère définitif.

I. — Génie expansif de la race blanche. Œuvre géographique des anciens peuples orientaux.

Dès l'origine, la race blanche a révélé son génie d'expansion. Tandis que l'homme noir de l'Afrique centrale et l'homme rouge de l'Amérique ont toujours borné le monde aux frontières de leur pays natal, tandis que les hommes jaunes de la Chine, contemporains des Assyriens et des Egyptiens, ont pu leur rester étrangers, l'homme blanc a de bonne heure considéré la terre comme son domaine, traversant les plaines, franchissant les montagnes et les mers, sans repos ni lassitude. C'est lui qui a découvert un nouveau monde et reconnu les archipels du Pacifique ; lui qui s'est frayé un chemin à travers les glaces arctiques ; il veut atteindre le pôle nord ; il a vu les sources du Nil, du Zaïre* et de l'Ogowaï* au centre même du continent africain : c'est l'homme blanc qui a créé la *géographie* en explorant la terre.

Malgré les difficultés naturelles que les sociétés primitives rencontraient à nouer des rapports suivis les unes avec les autres, elles n'avaient pas failli au génie natif de la race ; les guerres, les alliances, le commerce, les voyages ne tardèrent pas à établir entre elles des relations de plus en plus fréquentes.

A partir de la 4e dynastie, l'Egypte cesse d'être isolée parmi les peuples orientaux ; l'Assyrie, d'abord asservie aux pharaons, devient conquérante à son tour, depuis le xiie siècle. Les inscriptions attestent les progrès de la géographie par l'interminable nomenclature des nations tributaires, et les bas-reliefs qui représentent les vaincus avec leur type particulier, leur costume, leur civilisation, souvent même leur pays, étaient bien propres à populariser rapidement les découvertes des armées victorieuses.

Les Hébreux, trop peu nombreux pour devenir conquérants, ont beaucoup vu et beaucoup appris, parce que leur territoire était le chemin de guerre des Egyptiens et des Assyriens, en même temps que la voie naturelle du commerce entre l'Afrique et l'Asie. Moïse a reproduit dans la Genèse [1] des traditions fort anciennes sur les diverses migrations de la race blanche, mais d'ailleurs il n'ajoute pas un nom nouveau à tous ceux qu'avaient pu lui fournir les monuments pharaoniques.

Les colonies sidoniennes, tyriennes, carthaginoises, échelonnées depuis la Mésopotamie jusqu'aux colonnes

____
1. Ch. x.

d'Hercule, depuis Gadir jusqu'à la Guinée et la Manche, marquent nettement les étapes successives et les bornes étonnamment reculées de la géographie phénicienne.

Le tableau qu'Hérodote * nous a laissé des satrapies perses nous fournit de précieux détails sur la situation, l'aspect, les productions des provinces soumises au grand roi entre le Sindh, la Méditerranée, les déserts de Libye* et l'Éthiopie.

Enfin les poèmes indous, très vagues au point de vue topographique*, nous permettent cependant d'entrevoir l'Inde continentale et le Dekhan.

II. — Les Grecs. Alexandre consomme la fusion de l'Orient et de l'Occident.

Au IVe siècle avant notre ère * les races sémitiques et chamitiques ont terminé leur œuvre géographique ; les Japhétides accomplissent la leur.

Les Grecs s'étaient civilisés très rapidement, grâce à leur génie privilégié, grâce aussi à la nature péninsulaire de leur pays que la mer pénètre profondément de tous côtés et met en communication facile avec les continents voisins.

Leurs premiers poètes, Homère. Hésiode*, connurent l'Asie Mineure, la plus grande partie de l'Archipel et surtout la Grèce. Ils décrivent bien ce qu'ils ont vu ; au reste, ils ne sont que les interprètes inconscients* des connaissances très imparfaites de leurs contemporains ; ils ont le précieux mérite de la sincérité ; il ne faut pas toujours leur demander celui de la vérité.

La science, chez les Grecs, naquit vers le VIe siècle. *Thalès* enseigna que la terre était sphérique ; *Anaxi-*

*mandre** fut, dit-on, l'inventeur des cartes géographiques; *Hécatée** écrivit une description du monde depuis les colonnes d'Hercule juqu'à l'Inde.

A celui qui imagine succède celui qui sait; au poète, l'historien géographe. Pour Hérodote, la terre n'est plus la Grèce; la Grèce est une petite partie de la terre qui comprend trois continents: l'Europe, l'Asie, la Libye, dont Hérodote ignore d'ailleurs les limites et les proportions respectives. Parle-t-il d'un peuple, il le montre dans son milieu; la géographie est à son avis une partie de l'histoire.

*Hippocrate**, *Ctésias**, *Xénophon**, contrôlèrent, précisèrent les connaissances acquises. *Pythéas** de Marseille, les étendit.

Savant astronome, intrépide navigateur, observateur sagace, Pythéas, dans un premier voyage à travers les mers du nord, étudia vers l'embouchure de la Severn* les immenses marées qu'il attribua, deux mille ans avant Newton, à l'attraction lunaire. Puis il recueillit, au nord des Iles-Britanniques, sur une grande île appelée Thulé*, des renseignements qui ne peuvent concerner que l'Islande*. Un second voyage le conduisit au delà des bouches du Rhin, vers les pays où l'on récoltait l'ambre*, jusqu'à l'extrémité orientale de la Baltique, dont il releva le littoral et décrivit les populations riveraines.

Au temps même de Pythéas, *Aristote** fixait les limites des trois continents; et il avait raison contre les géographes futurs de considérer le Tanaïs* comme la limite commune de l'Asie et de l'Europe.

Les conquêtes d'Alexandre donnèrent un nouvel essor à la géographie.

La fusion* de l'Orient et de l'Occident, déjà commencée depuis plusieurs siècles, fut définitivement consom-

mée par le génie du roi de Macédoine. L'histoire de
son règne nous donne l'admirable spectacle d'un prince
qui ne se contentait pas de régner sur un immense

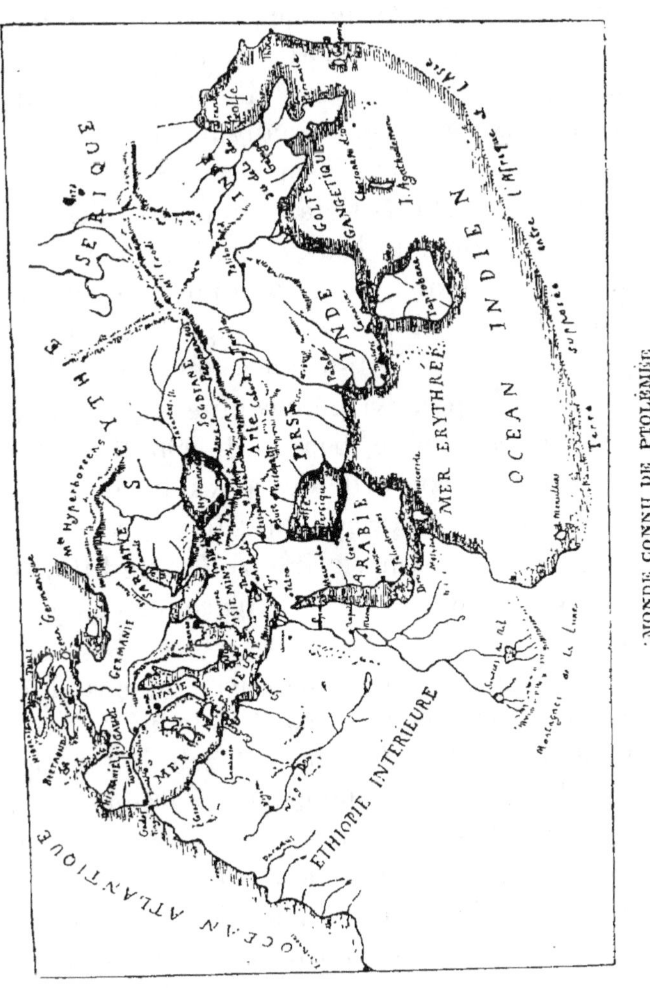

empire, mais voulait aussi gagner les cœurs et séduire
les intelligences. « Qu'est-ce qu'un conquérant qui est
pleuré de tous les peuples qu'il a soumis? Qu'est-ce
que cet usurpateur sur la mort duquel la famille qu'il a

renversée verse des larmes[1] ? » « Toutes ses mesures, rarement comprises de ceux qui l'entourent, tendent à ce but. Les usages et les mœurs des nations conquises partout respectés, les alliances qu'il contracte, les villes qu'il fonde, tout révèle une pensée constante, une pensée de fusion : politique d'autant plus remarquable que c'est la première fois qu'elle apparut dans le monde et qu'Alexandre, en l'inaugurant, a contre lui les préjugés de sa race et de son armée[2]. »

Des rapports constants s'établirent entre l'Orient et l'Occident, non seulement ceux que développa un commerce plus actif, mais, par l'habitude que prirent les peuples des trois continents d'échanger leurs idées, le niveau général de la civilisation s'éleva sensiblement en Asie et en Afrique. La géographie s'enrichit d'indications précises sur le bassin du Sindh; la mappemonde * grecque comprit des pays jusqu'alors inconnus : la Bactriane *, la Sogdiane; par l'ordre du roi, le chef de ses pilotes, Onésicritos releva le littoral de l'Inde, et l'amiral de ses flottes, Néarque, celui de la Gédrosie.

L'accroissement des connaissances géographiques rendit bientôt indispensable l'exactitude de leur représentation sur les cartes. *Dicéarque* * imagina de tracer une ligne de l'ouest à l'est depuis les colonnes d'Hercule jusqu'au Caucase indien *, puis une seconde, perpendiculaire à la première, qu'elle coupait à la hauteur de l'île de Rhodes. Grâce à ces deux lignes, divisées en stades *, et à toutes celles dont on pouvait les doubler, on put se faire une idée assez précise de la situation réelle d'un lieu.

1. Montesquieu, *Esprit des lois*, X, 13.
2. Vivien de Saint-Martin, *Histoire de la géographie*, p. 92.

*Eratosthène** perfectionna la carte de Dicéarque,
l'enrichit de nouveaux noms dans les bassins du haut
Nil et du Gange, et donna à la circonférence terrestre
une mesure qui se rapproche beaucoup de la vérité.

*Hipparque** enfin, appliquant l'astronomie à la géographie, divisa le cercle en 360 degrés et représenta
les méridiens par des courbes convergentes*.

III. — Les Romains.

Les Romains reculèrent singulièrement les bornes
de la mappemonde* grecque : la Gaule, la Germanie,
les Iles-Britanniques y prirent place avec une forme et
des dimensions plus exactes. En Afrique, les légions*
atteignirent le Soudan,* l'Ethiopie, et un centurion*
pénétra, sous le règne de Néron*, jusque dans cette région marécageuse où le Nil reçoit les eaux du fleuve
des Gazelles*.

Peuple essentiellement pratique, les Romains firent
de la géographie moins une science qu'un moyen de
gouvernement ; la connaissance approfondie des pays
soumis leur permettait d'y édifier plus solidement leur
domination et d'y répartir plus fructueusement les impôts. « Chaque conquête, chaque guerre devenait
ainsi, grâce aux *mensores* (mesureurs) qui accompagnaient les armées, comme aujourd'hui nos ingénieurs
militaires, l'occasion d'autant de reconnaissances géographiques qui enrichissaient singulièrement la carte
du monde occidental [1]. » Elles fournissaient à l'administration romaine un ensemble de renseignements
précieux que les historiens *Polybe, Tite-Live, Tacite,*

1. Vivien de Saint-Martin, p. 134.

consultèrent sans doute plus d'une fois, à en juger par la minutie de leurs descriptions topographiques.

Sous le principat d'Auguste*, l'empire qui s'étendait de l'Euphrate à l'Atlantique fut mesuré tout entier par trois ou quatre *mensores*. Quand, au bout de vingt-cinq ans, ce travail colossal fut achevé, *Agrippa**, qui l'avait probablement dirigé, fit dresser à Rome, sur les murs d'un portique, la carte monumentale du monde romain. On s'en servit ensuite pour éditer des *itinéraires* à l'usage des généraux, des magistrats, des négociants. Quelques-uns nous sont parvenus [1].

Après Auguste, les trois noms de *Strabon**, de *Pline** et de *Ptolémée** résument la science géographique des anciens. Chez eux, le progrès réside dans l'exposition plus pittoresque et plus claire, dans la discussion souvent très subtile des théories scientifiques, plutôt que dans l'accroissement de la mappemonde, réel cependant, puisque Strabon et Pline nous parlent du pays des *Sères**, c'est-à-dire de la Chine, et que Ptolémée en cite une ville, *Cattigara**. En Afrique, le géographe alexandrin nous fait même entrevoir, d'après *Marin de Tyr**, la région des grands lacs où le Nil prend ses sources.

On connaît [2] les principales voies commerciales de l'Orient; les Romains s'en servirent et les rattachèrent au réseau de routes dont ils avaient sillonné en tous sens l'Occident.

Les produits de la Chine étaient transportés jusqu'à

1. Le plus célèbre des itinéraires est connu sous le nom de *Table de Peutinger*, du nom d'un savant appelé Peutinger (1465-1547) qui le possédait. Il appartient à la bibliothèque de Vienne.

2. Cf. *suprà*. p. 80.

une station située aux environs du plateau de Pamir
et appelée la *Tour de pierre*.

Il fallait sept mois pour se rendre de cette station à
la capitale des Sères. Les marchands chinois, indous,
grecs et romains s'y rencontraient. En quittant la Tour
de pierre, les caravanes prenaient le chemin de l'Asie
Mineure par une large route admirablement entretenue
qui gagnait le Pont-Euxin en passant au sud de la Caspienne. Les vaisseaux venaient au-devant des caravanes et transportaient les soieries de Chine en Grèce,
en Italie, en Gaule et en Espagne.

IV. — Décadence de la géographie pendant la première partie du moyen âge; sa renaissance: son caractère définitif.

Quand l'Empire romain s'écroula, la géographie subi
le sort des autres sciences; arrêtée dans son développement, elle dut attendre la fin du moyen âge* pour
reprendre sa marche progressive.

Des spécimens* assez nombreux de cartes géographiques montrent combien les connaissances du x⁰ siècle
étaient inférieures à ce qu'elles étaient au premier et
au deuxième. L'invasion lente, mais continue, des barbares dans l'Empire romain avait amené un immense
désordre et une longue confusion. Pendant plusieurs
centaines d'années le monde ancien se transforma, se
renouvela, les sociétés modernes se constituèrent péniblement. Au début du moyen âge l'attention des
peuples, ramenée constamment sur eux-mêmes ou sur
leurs voisins immédiats, ne se portait plus sur le reste
de la terre.

Mais depuis le xi⁰ siècle, les croisades* rattachent

l'Orient à l'Occident ; bientôt la science moderne entre en possession de la science antique et la dépasse : sous l'influence de l'esprit de recherche qui se développe au XV⁰ siècle, avec une intensité prodigieuse, les progrès de la géographie se multiplient dans toutes les directions, et les voyages, perdant peu à peu le caractère d'aventures, prennent celui d'explorations scientifiques qu'ils ont toujours aujourd'hui et qui assure la durée des découvertes.

LEXIQUE

DES MOTS MARQUÉS D'UN ASTÉRISQUE

Absorber (s'). — Signifie ici : ne faire plus qu'un avec.

Acrobates. — Au propre : qui marchent sur les extrémités ; en général : qui exécutent des exercices difficiles.

Affranchissement. — Action de rendre libre.

-Agrippa. — Né en 63, mort en 12 avant J.-C., adopté par Auguste *, dont il était devenu le gendre ; général, conseiller de l'empereur, il en fut véritablement le premier ministre.

Allégorique. — Qui veut dire autre chose que ce qu'on paraît dire ; l'allégorie est un moyen de faire comprendre une pensée par comparaison.

Alphabétique (forme). — La forme alphabétique est le système d'écriture dans lequel le son, l'articulation même sont représentés par des caractères distincts, rangés dans un ordre conventionnel, pour constituer l'alphabet.

Altaï (monts). — Occupent en Asie une partie de la Sibérie méridionale, de la Dsoungarie (province russe) et de la Mongolie * ; ils ont environ 12,000 kilomètres de longueur.

Ambroisie. — Mets des divinités de l'Olympe grec ; signifie ici : liquide parfumé.

Amont (en). — Du côté des monts, des sources d'un fleuve, d'une rivière.

Anachronisme. — Faute contre la chronologie, contre l'ordre des temps.

Anarchie. — Absence de gouvernement, et par suite désordre et confusion.

Anaximandre. — Né à Milet ; disciple de Thalès *.

Annexe. — Tout ce qui est uni à une chose principale ; comme le Pont-Euxin à la Méditerranée.

Antagonisme. — Résistance que s'opposent deux forces, deux puissances contraires.

Apogée. — Terme astronomique ; employé au figuré, comme ici, veut dire : le point le plus élevé.

Aristote. — Illustre philosophe grec, né à Stagyre en Macédoine, en 384 avant J.-C., mort en 322 à Chalcis en Eubée ; précepteur d'Alexandre : a abordé et traité tous les sujets dans ses œuvres, qui résument la science de son temps et la dépassent.

Aromates. — Toute substance qui, provenant de plantes, exhale une odeur pénétrante.

Ascétisme. — Pratique de ceux qui se consacrent par piété aux mortifications.

Athéisme. — Opinion de celui qui ne croit point que Dieu existe.

Athlètes. — Hommes forts et adroits aux exercices du corps, de la lutte surtout.

Ascétisme. — Pratique des ascètes : l'*ascète* est celui qui se mortifie par piété.

Asphalte. — Bitume solide, sec, inflammable ; la mer Morte est appelée lac Asphaltite parce que l'asphalte est en grande quantité sur ses rives.

Auguste. — Surnom de Caius Julius Cæsar Octavius, neveu de Jules César, le conquérant des Gaules ; c'est le premier empereur romain (de 30 avant J.-C. à 12 après J.-C.

Bab-el-Mandeb. — Détroit entre l'Arabie et l'Abyssinie ; fait communiquer la mer Rouge avec la mer d'Oman. Sa navigation est dangereuse ; de là son nom, qui signifie : *Porte du deuil*.

Bithynie. — Contrée du nord-ouest de l'Asie Mineure.

Behistoun ou **Bisoutoun.** — Petite chaîne rocheuse du Kourdistan. Le Kourdistan est l'ancienne Gordyène, contrée d'Arménie.

Bouffons. — Personnages dont le métier est de faire rire.

Boulaq. — Ville de la Basse-Égypte, sur la rive droite du Nil ; l'un des faubourgs et des ports du Caire, dont elle n'est séparée que par des jardins. Notre illustre compatriote Mariette y a fondé en 1858 un musée incomparable, pour le compte du vice-roi d'Égypte.

Brique. — Pierre artificielle, de forme rectangulaire, composée d'une terre grasse et rougeâtre qu'on fait cuire au feu et qui sert à bâtir.

Bronze. — Alliage de cuivre et d'étain, connu dès la plus haute antiquité.

Casse. — Pulpe des fruits du canéficier.

Catégorie. — Toute classe où l'on range des objets de même nature ; par extension, nature, espèce.

Cattigara. — La description du pays où elle s'élevait a fait croire qu'elle était située sur l'emplacement de la ville actuelle de Singapore, sur la côte sud d'une île du même nom, entre la pointe méridionale de la presqu'île de Malacca et l'île de Sumatra.

Caucase indien. — C'est un des noms donnés dans l'antiquité à l'Himalaya.

Céramique. — L'art du potier ;

les arts céramiques sont ceux qui ont pour objet la fabrication de la faïence, de la porcelaine, etc...

Céréales. — Ne doit se dire que des plantes et des graines propres à fournir du pain : le froment, l'orge, etc.

Centurion. — Celui qui commandait cent hommes dans la milice romaine.

Chalumeau. — Signifie ici le tube en métal dont on se sert pour diriger, au moyen d'un courant d'air, la flamme d'une lampe ou d'une chandelle sur l'objet que l'on veut fondre ou soumettre à une forte chaleur.

Chaos. — Signifie ici : Confusion générale des éléments avant leur séparation et leur arrangement pour former le monde.

Chapiteau. — Terme d'architecture : la partie du haut de la colonne qui pose sur le fût *.

Chirurgie. — Partie de l'art de guérir qui s'occupe des maladies externes et spécialement des procédés manuels qui servent à leur guérison.

Chorographie. — Description d'un pays, comme la géographie est, dans le sens propre, la description de la terre.

Cicéron. — Le plus célèbre des orateurs romains; un des plus grands écrivains de Rome et de l'antiquité. Admirable avocat; homme d'État médiocre; né en 107, mort en 43, sacrifié par Octave * à la vengeance d'Antoine *, dont il avait démasqué et flétri l'ambition.

Cicerones. — Guides qui montrent aux étrangers les curiosités d'une ville.

Cimmériens. — Habitaient le rivage septentrional du Pont-Euxin (?).

Civiles (lois). — Par opposition à lois criminelles; elles règlent l'état des personnes, les dignités, les questions de propriété, etc.

Clément d'Alexandrie. — Docteur de l'Église, vivait à la fin du IIe siècle et au commencement du IIIe.

Colonnes d'Hercule. — Aujourd'hui détroit de Gibraltar. La légende phénicienne racontait qu'Hercule * avait séparé l'Europe de l'Afrique et ouvert une porte sur la mer extérieure (Atlantique) ; les deux colonnes qui la formaient étaient les monts Calpé et Abyla, situés au sud et au nord du détroit. La signification de cette légende est fort claire ; elle nous montre la colonisation phénicienne passant de la Méditerranée dans l'Atlantique.

Compromis. — Signifie ici : exposé à quelque dommage matériel ou moral.

Compact. — Qui doit sa solidité à l'étroit assemblage de toutes ses parties.

Concile. — Assemblée religieuse pour statuer sur des questions de doctrine, de discipline.

Confins. — Parties d'un territoire placées à l'extrémité de ce territoire et à la frontière d'un autre.

Consommé. — Signifie ici : mené à bout; achevé complètement.

Convergent. — Qui tend vers un point commun.

Cook. — Célèbre navigateur anglais, né en 1728, mort en 1779.

Corroierie. — Art de préparer le cuir pour les divers usages auxquels on le destine.

Cosmographie. — Description astronomique du monde.

Croisades. — Expéditions qui avaient pour but de reconquérir le tombeau du Christ dont s'étaient emparés les Musulmans. Les intérêts politiques et commerciaux l'emportèrent vite sur ceux de la religion. Les membres de l'expédition portaient sur leurs vêtements une croix en laine rouge ou blanche ; de là le nom de croisades. Il y eut huit croisades ; la première eut lieu en 1095 ; la huitième, en 1270, coûta la vie à Louis IX de France. Les résultats des croisades furent considérables au point de vue de la civilisation, parce qu'elles rétablirent les communications entre l'Orient et l'Occident.

Coudée. — Mesure de longueur, d'environ un pied et demi : ainsi nommée parce qu'elle représente à peu près la distance du coude au bout du doigt du milieu.

Ctésias — Médecin grec ; vécut à la cour du roi perse Artaxerxès II Mnémon (405-362). Ses ouvrages avaient été composés d'après les archives d'Ecbatane. Mais Ctésias y chercha des légendes plutôt que des faits historiques. Il popularisa la fable de Ninus et de Sémiramis, qui a si longtemps égaré les historiens de l'Assyrie.

Cunéiforme. — Qui est en forme de *coin*. Ecriture cunéiforme des Assyriens, des Mèdes et des Perses, formée de figures

en fer de lance ou de clous diversement combinés. Cf. p. 109, note.

Cycle. — Terme souvent usité en littérature. Un cycle épique est un *cercle*, *kuklos*, un ensemble de poèmes se rapportant à une même époque, à un même fait, à un même héros. Ex. : cycle de la Table-Ronde*.

Cylindre. — Corps arrondi ; allongé et d'un diamètre égal dans toute sa longueur. Le diamètre est la ligne droite qui va d'un point de la circonférence d'un cercle au point opposé en passant par le centre.

Cynégétique. — Qui concerne les chiens et la chasse.

Cynocéphales. — Genre de singes. Le mot veut dire : à têtes de chien ; la ressemblance n'est pas frappante.

Cythère. — Auj. Cerigo ; île située au sud de la Grèce ; consacrée autrefois à Vénus qui y avait un temple magnifique.

Damiette. — Ville moderne de la Basse-Egypte sur le lac Menzaleh et la branche orientale du Nil ; à 11 kilomètres de la mer.

Dauphin. — Terme d'histoire naturelle. Gros poisson carnivore et dont la graisse fournit une huile. Les anciens en faisaient un ami de l'homme.

Décisif. — Qui fait cesser toute incertitude ; qui tranche la question.

Dégradation. — Destitution infamante d'un grade, d'une dignité, d'une qualité.

Despotique (pouvoir). — Autorité absolue et arbitraire ; sans contrôle, par conséquent inique.

Dicéarque. — De Messine, en Sicile, disciple d'Aristote* ; philosophe, géomètre, géographe.

Digue. — Levée en terre ou en maçonnerie, pour contenir les eaux.

Dissection. — Opération par laquelle on divise méthodiquement et l'on met à découvert les différentes parties d'un corps organisé pour en étudier la disposition et la structure.

Dogme. — Point de doctrine considéré comme fondamental.

Dynastie. — Succession de souverains d'une même famille.

Écluse. — Construction faite pour retenir au besoin dans la partie appelée : *chambre de l'écluse*, l'eau nécessaire pour faire monter ou descendre un bateau.

Émail. — Composé de sable siliceux (V. *Silex*), d'oxyde de plomb, de soude et de potasse, que l'on colore, pendant la cuisson, par des procédés chimiques.

Empaler. — Faire subir le supplice du pal. Le *pal* est une longue tige de bois, si bien aiguisée que le poids seul du malheureux placé à l'extrémité de la pointe peut suffire à la faire pénétrer dans le corps.

Entrepôt. — Lieu de dépôt pour les marchandises en attendant l'expédition.

Épices. — Produits aromatiques ou autres du même genre dont on se sert pour l'assaisonnement.

Épique (poème). — Récit d'aventures héroïques et merveilleuses.

Ératosthène. — Géographe, mathématicien, philosophe et littérateur grec, né à Cyrène (sur la côte septentrionale de l'Afrique), vers 276 avant J.-C. Il émit cette opinion, qui devait conduire plus tard Christophe Colomb à la découverte du nouveau monde, que l'on pourrait naviguer sur la mer extérieure depuis l'Ibérie (Espagne) jusqu'à l'Inde, ou que l'on trouverait dans ce trajet de nouvelles terres habitables.

Ère. — Époque fixe d'où l'on commence à compter des années.

Étayé. — Soutenu par de fortes pièces de bois, des ouvrages de maçonnerie ou de terre.

Étiquette. — Ensemble de formes cérémonieuses.

Étrusques. — Peuple célèbre de l'Italie ancienne : ses flottes dominèrent dans un temps sur une partie de la Méditerranée occidentale.

Fabliau. — Conte en vers, en général d'allure populaire ; très souvent satirique au moyen âge*.

Fanatique. — Qui est animé d'un zèle outré pour la religion.

Faune. — Terme de zoologie : ensemble des animaux d'un pays.

Fellah. — Nom donné au paysan dans l'Égypte contemporaine.

Féodalité. — On appelle ainsi l'ensemble des institutions pendant le moyen âge ; de *fief*, domaine noble concédé sous condition de foi et d'hommage et assujetti à certains services et à certaines redevances.

Fermes modèles. — Établissements pour former des agriculteurs et perfectionner la culture.

Flore. — Ensemble des plantes d'un pays.

Foires. — Assemblées considérables et périodiques de marchands dans des lieux déterminés.

Formule. — Forme d'expression dont les termes déterminent la manière précise dont un acte doit être conçu et accompli.

Fusion. — Réunion, mélange intime.

Fût. — Terme d'architecture : c'est le corps de la colonne compris entre la base et le chapiteau.

Gazelles (fleuve des). — *Bahr-el-Ghazal* : affluent de gauche du Nil ; coule dans une région marécageuse et malsaine où se trouve le lac Nô.

Géométrie. — Science qui a pour but la mesure des lignes, des surfaces et des volumes.

Granit. — Roche composée de grains de feldspath et de mica agrégés ensemble.

Gué. — Endroit d'une rivière où l'eau est si basse qu'on peut la passer en marchant.

Haleurs. — Ceux qui s'attèlent à la corde des navires ou des bateaux qu'on veut faire entrer dans le port, changer de place ou remonter le fleuve.

Halys. — Aujourd'hui Kizil-Irmak ; se jette dans le Pont-Euxin ou mer Noire, sur la côte septentrionale de l'Asie Mineure.

Ha-ouar. — Plus tard *Avaris* : ville de la Basse-Égypte. On a cherché à l'identifier avec Péluse, située à l'embouchure d'une des branches orientales du Nil.

Hécatée. — Dit de Milet ; né en Ionie. Joua un grand rôle dans la révolte des Grecs de ce pays contre le grand roi, en 504.

Hercule. — Le plus célèbre des héros de la Grèce fabuleuse ; c'est la personnification d'une société naissante, luttant contre la nature pour s'en rendre maître. Une partie de la légende grecque fut empruntée à la Phénicie, dont l'Hercule s'appelle Melkarth. (V. *Colonnes d'Hercule.*)

Héréditaire. — Qui se transmet par hérédité : *Hérédité* ; droit de recueillir en totalité ou en partie la propriété d'une personne défunte.

Hérésie. — Opinion jugée fausse en matière de foi.

Hérodote. — Illustre historien et écrivain grec, né à Halicarnasse, ville d'Asie Mineure (Carie). Il visita la plupart des pays dont il écrivit l'histoire. Son voyage en Égypte paraît avoir eu lieu entre 460 et 455 avant J.-C., pendant le règne d'Artaxerxès Longue-main (465-425). Hérodote a trois manières de raconter : *J'ai vu ; les prêtres m'ont dit ; on rapporte.* Toutes les fois qu'il a *vu*, son témoignage possède une autorité absolue.

Hésiode. — Poète grec ; né peut-être à Ascra en Béotie. Nous ne possédons que des fragments de ses nombreux ouvrages.

Hiérarchique. — Qui indique une succession de rangs, subordonnés rigoureusement les uns aux autres.

Hipparque. — De Nicée, en

Asie Mineure. Il vivait au
IIᵉ siècle avant J.-C.; c'est le
plus fameux astronome de l'antiquité.

Hippocrate. — Le plus grand
médecin et un des plus grands
écrivains de la Grèce ancienne;
a combatu l'hypothèse* et re-
commandé l'expérience, l'obser-
vation patiente des maladies. Il
visita la plus grande partie de
l'Asie connue de son temps.

Homère. — Le plus illustre
des poètes grecs; dans l'*Iliade*
(d'Ilion, nom de Troie), il a
raconté la colère d'Achille et un
épisode du siège de la ville;
dans l'*Odyssée* le retour d'O-
dysseus (Ulysse) dans sa patrie.

Homogène. — Signifie ici:
formé de parties semblables.

Horizon. — Ligne circulaire,
variable en chaque lieu, dont
l'observateur est le centre, et
où le ciel et la terre semblent
se joindre.

Hypogées. — Excavations,
constructions souterraines où
les anciens déposaient leurs
morts.

Hypostyle. — Pièce ou salle
dont le plafond est soutenu
par des colonnes.

Hypothèse. — Supposition
d'une chose possible ou non, de
laquelle on tire une conséquence.

Incommensurable. — Qui
ne peut pas se mesurer.

Inconscient. — Qui n'a pas
conscience de soi-même, de ce
qu'il fait, de la portée de son
œuvre.

Inscription. — Ce qu'on
écrit sur la pierre, le marbre,
le cuivre, etc.

Incrustation. — Action de
garnir un objet d'ornements
engagés dans la surface.

Initial. — Qui est au commencement.

Instigation. — Action d'exci-
ter à une pensée, à un acte.

Investigation. — Action de
suivre à la trace, de rechercher
attentivement.

Invraisemblance. — Défaut
d'apparence de vérité.

Ionie. — Désigne ici la partie
septentrionale de l'Asie-Mineure
qui s'étend le long de la mer
Egée et que limite au sud le
fleuve Méandre.

Iran (plateau de l'). — Il a
la forme d'un trapèze. Le
rebord méridional est formé par
les monts de Meckran et du
Farsistan; celui de l'est porte
le nom de: monts Soliman. Au
nord se succèdent les monts
Hindou-Koush, du Khorassan,
les monts Elbourz; à l'ouest,
des chaines moins importantes
et souvent parallèles relient le
plateau de l'Iran au plateau
d'Arménie.

Islande. — Grande ile dans
l'océan Arctique, à 900 kil. de
la côte de Norvège; 270 kil.
E. du Groënland; 700 N.-O.
de l'Ecosse. V. *Thulé*.

Itératif. — Fait à plusieurs
reprises.

Khétas. — Nom donné par les
Egyptiens aux populations chananéennes qui habitaient entre
la rive gauche de l'Euphrate, le
Taurus et la mer.

Lacune. — Interruption dans
le texte d'un auteur, dans une
série.

Lapis. — Nom vulgaire d'un
minéral appelé *lazulite*.

Légion. — Terme d'antiquité romaine ; corps de gens de guerre composé d'infanterie et de cavalerie.

Libation. — Action de répandre soit du vin, soit une autre liqueur en l'honneur d'une divinité.

Libyens, Libye. — Les anciens appelaient Libye le continent que nous appelons Afrique, peut-être du nom d'un peuple berbère, les Aouraghen ou Avraghen, autrefois habitants du littoral, « aujourd'hui refoulés dans l'intérieur, et perdus dans le groupe Touareg. » (O. Reclus, *La Terre à vol d'oiseau*.)

Lin. — Plante dont la tige fournit un fil servant à fabriquer des toiles fines ou des dentelles.

Lingot. — Nom donné à des portions de métal, et particulièrement, d'or et d'argent.

Lyrique. — Signifie au propre : poésie qui se chante sur la lyre ; d'une manière générale, comme ici, veut dire : poème qui sans être destiné à être chanté, est animé d'une inspiration, d'un transport plus vif qu'un autre.

Maison. — Signifie ici : ceux qui vivant ensemble dans une maison, composent une même famille.

Mammouth. — Animal du genre de l'éléphant, dont l'espèce a disparu.

Manéthon. — Prêtre égyptien, qui vivait au IIIe siècle avant l'ère chrétienne ; on possède quelques fragments de ses ouvrages écrits en grec, et aussi une liste des dynasties royales de l'Egypte.

Mappemonde. — Carte représentant toutes les parties de la terre : de *mappe*, mot qui s'est employé dans le sens de carte, plan ; et *monde* mis pour *mundi* ; c'est le génitif.

Marathon. — Bourg de l'Attique, célèbre dans l'histoire par la victoire de Miltiade sur les généraux de Darcios I. Datis et Artaphernès, en 490.

Marin de Tyr. — Vivait à la fin du Ier siècle (?) ; avait utilisé les matériaux de toutes sortes que les archives de Tyr renfermaient, pour écrire des ouvrages géographiques fort intéressants, à en juger par le résumé que Ptolémée* en a fait.

Métropole. — Signifie ici la ville qui a fondé des colonies, considérée dans ses rapports avec elles.

Modelé. — Terme de peinture ou de sculpture ; signifie : représentation des formes.

Mongolie. — Vaste région de l'empire chinois : par 33°-53°, latitude N. et 85°-122°, longitude E. C'est un immense plateau.

Mosquée. — Temple des mahométans.

Mossoul. — Ville forte de la Turquie d'Asie, sur la rive droite du Tigre : chef-lieu d'une province.

Moyen âge. — On appelle ainsi la période qui tient le milieu entre les temps anciens et les temps modernes, entre la chute de l'Empire romain et le milieu du XIVe siècle.

Mycale. — Aujourd'hui Samsoun, montagne d'Asie Mineure ;

se termine sur la mer de l'Archipel par un promontoire, à la hauteur duquel la flotte grecque battit celle des Perses, en 479.

Mythique. — Qui appartient à un mythe ; *mythe* (muthos) : fable ; particularité ou récit des temps fabuleux.

Nécropole. — Ville des morts.

Népaul. — Royaume de l'Hindoustan, au nord, aujourd'hui sous le patronage de l'Angleterre. La population pratique le bouddhisme.

Néron. — 5e empereur romain (54 à 68 après J.-C.).

Newton. — Illustre mathématicien, physicien et astronome ; né le 25 décembre 1642, mort le 20 mars 1777.

Nil Bleu. — En arabe : Bahr-el-asrek, affluent de droite du Nil ; prend sa source en Abyssinie.

Nilomètre. — Pilier sur lequel sont marqués les degrés d'accroissement et de décroissement du Nil.

Novateur. — Celui qui introduit des nouveautés, des changements.

Oasis. — Nom donné à tout lieu qui dans les déserts de sable de l'Afrique et de l'Asie offre une belle végétation.

Ogowaï. — Fleuve de l'Afrique ; tributaire de l'Atlantique, qui, dans une partie de son cours, se confond presque avec l'Equateur. M. Savorgnan de Brazza en a exploré le bassin supérieur, qu'il a placé sous le protectorat français. Sa situation au centre de l'Afrique.

non loin du Zaïre, en peut faire une colonie magnifique.

Orfèvrerie. — Art de fabriquer des ouvrages d'or ou d'argent : orfèvrerie peut avoir un sens plus étendu.

Original (l'). — modèle primitif ; source première.

Pangée. — Ramification du mont Rhodope en Thrace (Turquie d'Europe) ; aujourd'hui Pounbar-dagh. On y trouvait autrefois des mines d'or et d'argent.

Panthéisme. — Système de ceux qui admettent pour Dieu l'universalité des êtres et des objets.

Papyrus. — Sorte de roseau cultivé en Egypte, dans l'Inde, la Babylonie, la Cœle Syrie (Syrie creuse) et dont la tige, formée de feuillets superposés que l'on détachait les uns des autres à l'aide d'une pointe effilée, servait pour l'écriture après une préparation convenable.

Pénurie. — Extrême disette, manque de certaines choses, ou de toutes choses.

Personnification. — Action d'attribuer à une chose inanimée les sentiments, le langage d'une personne ; signifie aussi : le résultat de cette action.

Phases. — Signifie ici : changements successifs qui se remarquent dans certaines choses, dans certains évènements ; on peut diviser l'histoire d'un règne en phases.

Phénomène. — Tout fait qui tombe sous les sens.

Peluse. — ' Voir Ha-ouar.

Persée. — Héros grec de l'époque fabuleuse.

Pilotis. — Ensemble de tous les pilots (pieux de forte dimension) enfoncés en terre et destinés à soutenir une construction établie sur quelque terrain dont le fond n'est pas jugé assez solide.

Platée. — Ville de Béotie, au S. O. de Thèbes. Les Grecs y remportèrent une mémorable victoire sur les Perses, en 479 avant J.-C.

Pline.— Né à Côme (Italie Septentrionale, au S. O. du lac du même nom), en l'an 23 de notre ère, perdit la vie dans la terrible éruption du Vésuve. en 79, sous le règne de Titus; surnommé l'ancien pour le distinguer, dans l'appellation, de son neveu. *L'Histoire naturelle* de Pline. qui renferme une géographie. est une véritable encyclopédie des connaissances de son temps.

Plutarque. — Biographe et moraliste grec. né en Béotie. vers 50 de notre ère. mourut vers 138 ou 140.

Pœni. — C'est sous ce nom que les Romains désignent les Carthaginois.

Polythéisme. — Système de religion qui admet la pluralité des dieux.

Poupe. — Arrière d'un vaisseau.

Pourpre. — Matière colorante d'un rouge foncé et éclatant. fournie autrefois par un mollusque. le *murex brandaris*. et remplacée aujourd'hui par la cochenille.

Prépondérant. — Qui a plus de poids qu'un autre. qui est supérieur par la considération. l'influence.

Pressoir. — Machine qui sert à presser des fruits.

Prismatique.— Qui a la forme d'un prisme. *Prisme*, terme de géométrie : polyèdre, ayant pour bases deux polygones égaux et parallèles dont les côtés homologues sont unis par des parallélogrammes.

Propylée. — Pièce d'entrée d'un temple, ornée de colonnes.

Protocole. — Signifie ici : manière de s'intituler (noms, surnoms, titres, etc.)

Proue. — Avant d'un vaisseau.

Ptolémée. — Illustre savant de l'école dite d'Alexandrie en Egypte ; vivait au iie siècle de notre ère.

Ptolémées (les). — Dynastie grecque, fondée en Egypte par Ptolémée, dit Soter (sauveur ou Lagos (du nom de son père. général d'Alexandre le Grand. Cette dynastie gouverna l'Egypte de 323 à 29 avant J.-C.

Pylone. — Terme d'architecture; grand portail.

Pythéas. — ive siècle avant J.-C.; contemporain d'Aristote? fut une des gloires de la ville grecque de Massilia (aujourd'hui Marseille). Les relations qu'il avait écrites de ses voyages ne nous sont pas parvenues; Strabon les a résumées, sans y attacher l'importance qu'elles méritaient. La science moderne a rendu pleine justice à Pythéas.

Race. — Tous ceux qui viennent d'une même famille appartiennent à la même race.

Rite. — Ordre prescrit des cérémonies qui se pratiquent dans une religion.

Relater. — Raconter avec précision.

Rémunérateur. — Qui récompense.

Réprobation. — Action de rejeter, de condamner une pensée, un acte, etc.

Rosette. — Ancienne Bolbitinum, ville de la Basse-Égypte, sur la rive gauche de la branche occidentale du Nil, à 10 kil. de son embouchure.

Rythmé. — *Rythme :* Division du temps en parties systématiquement mais régulièrement égales ou inégales.

Salamine (île de). — Entre les rivages de l'Attique et de la Mégaride. Les Grecs y remportèrent, en 480 avant J.-C., une célèbre victoire navale sur la flotte de Xerxès Ier.

Sanctuaire. — Lieu fermé et consacré par la religion.

Sarcophage. — Pierre dont étaient faits les tombeaux dans lesquels les anciens mettaient les corps qu'ils ne voulaient pas brûler ; elle avait, pensait-on, la propriété de consumer le corps (*phagein*, manger, ronger : par extension consumer ; *sarx*, chair). Le mot sarcophage est consacré par la science ; mais il est absolument impropre, appliqué aux tombeaux, aux cercueils égyptiens ; puisqu'en Égypte on prenait des soins particuliers pour conserver les corps.

Saveur. — Qualité qui est perçue par le sens du goût. S'emploie au figuré dans le sens de charme, d'agrément.

Schiste. — Minéral de structure lamelleuse formé principalement de silice, d'argile, etc.

Scribe. — Titre de ceux des prêtres égyptiens qui devaient connaître les livres hiéroglyphiques, la géographie, les positions du soleil et de la lune, les mesures.

Scythes. — Nom donné par les anciens aux peuples qui ont habité l'est de l'Europe.

Sectateur. — Celui qui professe les principes d'un philosophe, d'un docteur, d'un littérateur, d'un réformateur religieux.

Sédentaire. — Fixe, attaché à un lieu.

Sel gemme — On appelle *gemme* toute espèce de pierre précieuse. On donne le nom de sel gemme au sel fossile ; il présente d'ailleurs le même caractère que celui que l'on tire de l'eau de mer par évaporation ; il est de forme solide et cristallisé.

Séleucus Ier. — Dit Nicanor (le vainqueur) ; général d'Alexandre le Grand, et fondateur d'une dynastie en Asie.

Sères. — Habitants de la Sérique. Sérique n'est pas un nom de pays. Le mot est dérivé de *Ser* ou *Sir*, qui est le nom de la soie dans les principaux idiomes de l'Asie orientale ; les caravanes firent connaître ce pays aux Grecs et aux Romains qui désignèrent par cette expression de Sérique l'immense contrée que nous appelons Chine. C'était pour eux le pays de la soie.

Severn. — Ancienne *Sabrina*, fleuve d'Angleterre ; se jette par une large embouchure dans le canal de Bristol, qui s'étend sur la côte occidentale entre la principauté de Galles et la presqu'île de Cornouailles.

Sierra-Leone. — C'est-à-dire mont aux lions; côte de la Guinée occidentale, entre la Libéria et la Sénégambie; de : 16°,45' à 12°,55' long. occidentale : 640 kil. de longueur.

Silex. — Genre de pierres; on taille, on polit les silex pour en faire des bijoux et des ornements; ils servent à l'homme pour obtenir du feu par le choc de l'acier.

Solstice. — Temps où le soleil étant le plus éloigné de l'équateur paraît stationnaire pendant quelques jours.

Sortilège. — Maléfice des sorciers, qui jettent un mauvais sort sur les objets, les personnes. suivant la superstition populaire.

Soudan. — Partie occidentale de l'Afrique septentrionale la plus rapprochée de l'équateur.

Spécimen. -- Modèle, échantillon.

Stade. — Mesure itinéraire de l'antiquité, équivalant environ. car la mesure a varié, à 180 m.

Strabon. — Né à Amasée, en Asie Mineure, vers 50 ans avant J.-C., vécut jusqu'au règne de l'empereur Tibère, successeur d'Auguste. Il écrivit en grec un très remarquable traité de géographie. Strabon nous offre « un tableau grandiose, animé. largement conçu, savamment exécuté, de la terre habitée, du pays et des hommes ». (*Biographie générale*, Did. art. Strabon. de Guigniaut.)

Superficie. — L'étendue d'une surface.

Superstition. — Sentiment de crainte religieuse, fondé sur la crainte ou l'ignorance, par lequel on est souvent porté à se former de faux devoirs, de faux scrupules et à mettre sa confiance dans des choses impuissantes.

Suzeraineté. — Pouvoir du suzerain. *Suzerain :* qui possède un fief dont un ou plusieurs fiefs relèvent (V. féodalité.)

Syllabisme. — Système d'écriture dans lequel on représente par un seul signe la syllabe.

Symbolique. — Qui a le caractère de symbole ; on appelle *symbole* la figure ou l'image employée comme signe des choses.

Table-Ronde (ordre de la . — Ordre fabuleux, institué, selon les légendes, par le roi breton Arthur. Le nom de Table-Ronde vient de l'obligation où étaient les chevaliers membres de l'ordre de s'asseoir autour d'une table absolument ronde pour que tous les convives fussent égaux en rang. Tout un *cycle* *, un ensemble de poèmes fut composé au moyen âge en leur honneur.

Talus (en forme de). — Signifie ici : en pente.

Tanaïs. — Aujourd'hui Don : fleuve de la Russie méridionale : se jette dans la mer d'Azow.

Tertre. — Petite éminence de terre qui s'élève isolément dans une plaine.

Thalès. — Un des sept Sages de la Grèce; fondateur de l'École philosophique d'Ionie; né à Milet. vers 640 av J.-C.

Théologie. — Doctrine des choses divines.

Thésée. — Héros grec de l'époque fabuleuse.

Thrace. — Nom donné par les anciens à un pays dont l'étendue a beaucoup varié suivant les époques. A l'époque d'Homère, il est désigné comme une quatrième partie du monde, comprenant tous les pays inconnus au nord de la Grèce : depuis les guerres médiques, il est restreint au pays borné à l'est par le Pont-Euxin et le Bosphore de Thrace ; au sud, par la mer Egée ; à l'ouest par le fleuve Strymon ; au nord par le Danube. A l'époque romaine, la province de Thrace n'est plus qu'une partie de la Thrace ; elle porte alors le nom de Mœsie.

Thulé. — Nom donné par les anciens à la terre la plus reculée vers le nord ; dans la Thulé de Pythéas, le soleil accomplit sa révolution tout entière au-dessus de l'horizon. Cette particularité s'applique à l'Islande, où, pendant le solstice* d'été, on voit, des montagnes de la côte septentrionale, le soleil à minuit. (V. *Islande*.

Thuya. — Genre de bois ; très employé dans l'ébénisterie.

Tite-Live. — Né en 59 av. J.-C., mort en 19 de notre ère. Illustre écrivain et historien. Nous possédons de lui les fragments d'une histoire romaine qui comprenait 140 livres.

Topographique. — Qui décrit en détail un lieu ou des lieux.

Torsade. — Torsade : frange tordue.

Tradition. — Transmission de faits historiques, de doctrines religieuses, de légendes, d'âge en âge, par la parole et sans preuve écrite.

Tranchée. — Ouverture, excavation pratiquée dans la terre.

Transmigration. — Signifie ici : passage de l'âme d'un corps dans un autre.

Vampire. — Être chimérique qui, suivant la superstition populaire des Orientaux, sort du tombeau pour sucer le sang des vivants.

Vannerie. — Métier de l'ouvrier qui travaille en osier, et qui fait des corbeilles, des paniers, des meubles, etc.

Vassal. — Celui qui relève d'un seigneur à cause de la nature de son fief (V. féodalité.)

Vicaire. — Celui qui, adjoint à un supérieur, peut le remplacer.

Zaïre. — Ou Congo, grand fleuve de l'Afrique centrale, dont le cours a été relevé par le voyageur Stanley ; sort du lac Bangweolo, sous le nom de Loualaba, au sud-ouest du lac Tanganika, et va se jeter dans l'Atlantique.

Xénophon. — Né près d'Athènes vers 445 av. J.-C. ; mort vers 355, historien et moraliste ; disciple du philosophe Socrate. Il s'engagea au service de Kyros le jeune, qui voulait renverser son père Artaxerxès II. Après Cunaxa (401) il fut élevé au commandement par ses compatriotes. Grâce à son sang-froid et à son habileté, il réussit à ramener jusqu'au Pont-Euxin, à travers des pays inconnus, dix mille

Grecs de l'armée de Kyros. Xénophon nous a laissé, avec d'autres remarquables ouvrages, le récit détaillé de cette expédition mémorable, sous le nom d'*Anabase* (marche vers la Haute-Asie.)

Zone. — Signifie ici : bande de terrain ; au sens propre : chacune des cinq grandes divisions du globe terrestre, que l'on conçoit séparées par des cercles parallèles à l'équateur.

TABLE DES MATIÈRES

ÉGYPTE

INTRODUCTION

CHAPITRE I

CHAPITRE II

PREMIÈRE PÉRIODE (1re A 11 DYNASTIE) : ANCIEN EMPIRE :
PRÉPONDÉRANCE DE MEMPHIS

CHAPITRE III

DEUXIÈME PÉRIODE (11e à 22e DYNASTIE.) 1º ANCIEN EMPIRE THÉBAIN

CHAPITRE IV

DEUXIÈME PÉRIODE (*Suite* ºII 22ᵉ DYNASTIE) : 2º NOUVEL EMPIRE THÉBAIN

CHAPITRE V

TROISIÈME PÉRIODE (22ᵉ à 32ᵉ DYNASTIE) : PRÉPONDÉRANCE DES VILLES DU DELTA.

CHAPITRE VI

CIVILISATION

CHAPITRE VII

CIVILISATION (*Suite*)

ASSYRIE ET CHALDÉE

CHAPITRE VIII

L'ASSYRIE JUSQU'AUX SARGONIDES

CHAPITRE IX

LES SARGONIDES. L'EMPIRE CHALDÉEN

CHAPITRE X

CIVILISATION CHALDÉO-ASSYRIENNE

HÉBREUX ET PHÉNICIENS

CHAPITRE XI

CHAPITRE XII

CHAPITRE XIII

MÈDES ET PERSES

CHAPITRE XIV

ARYAS DE L'INDE

CHAPITRE XV

CHAPITRE XVI

CHAPITRE XVII

CHAPITRE XVIII

LE MONDE CONNU DES ORIENTAUX. LE MONDE CONNU DES ANCIENS

PARIS. — IMP. P. MOUILLOT, 13-15, QUAI VOLTAIRE. — 30608